Bogdan Rața Recent Works

Bogdan Rața Recent Works

KERBER ART

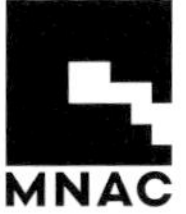

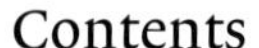

Contents

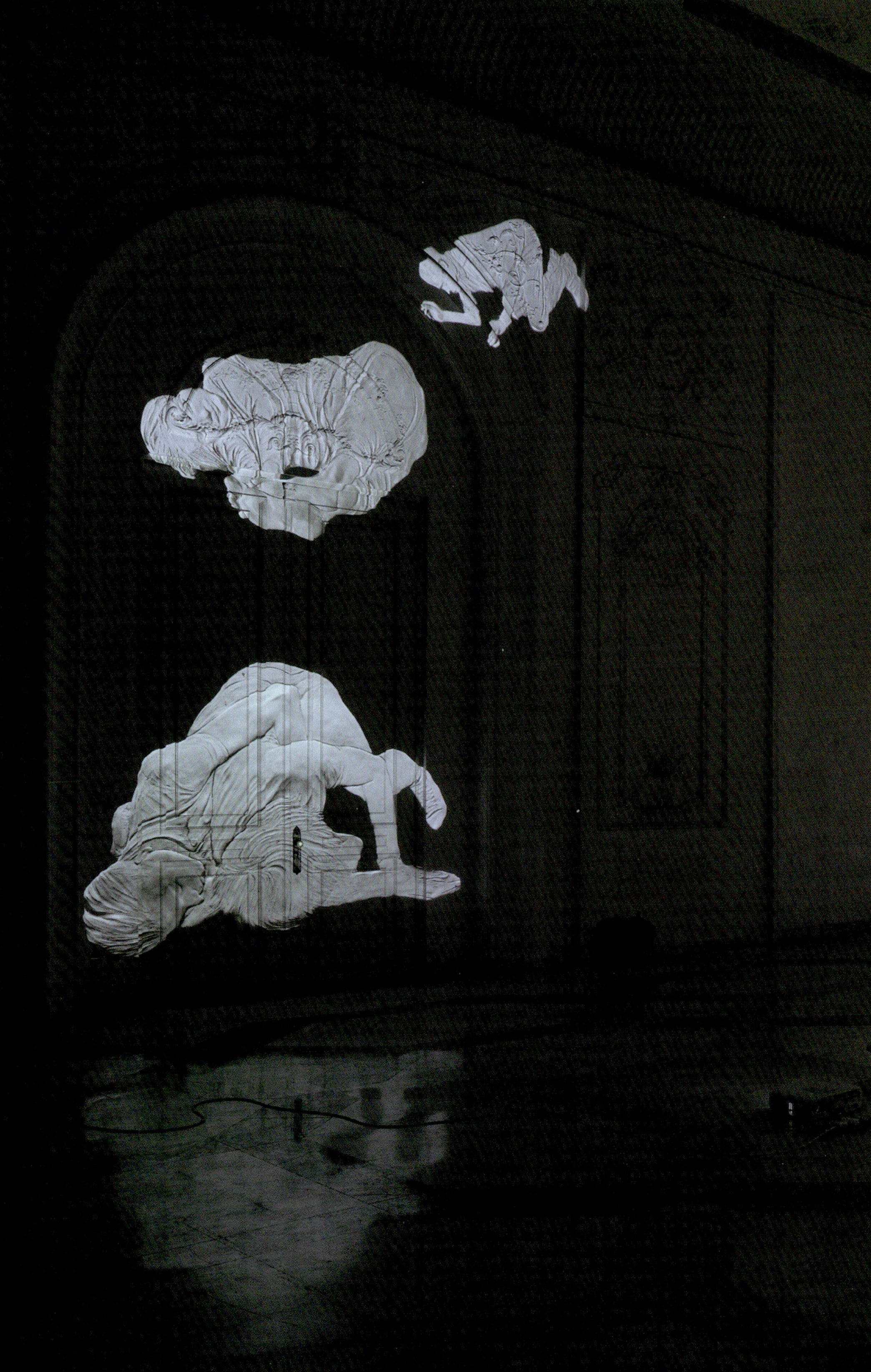

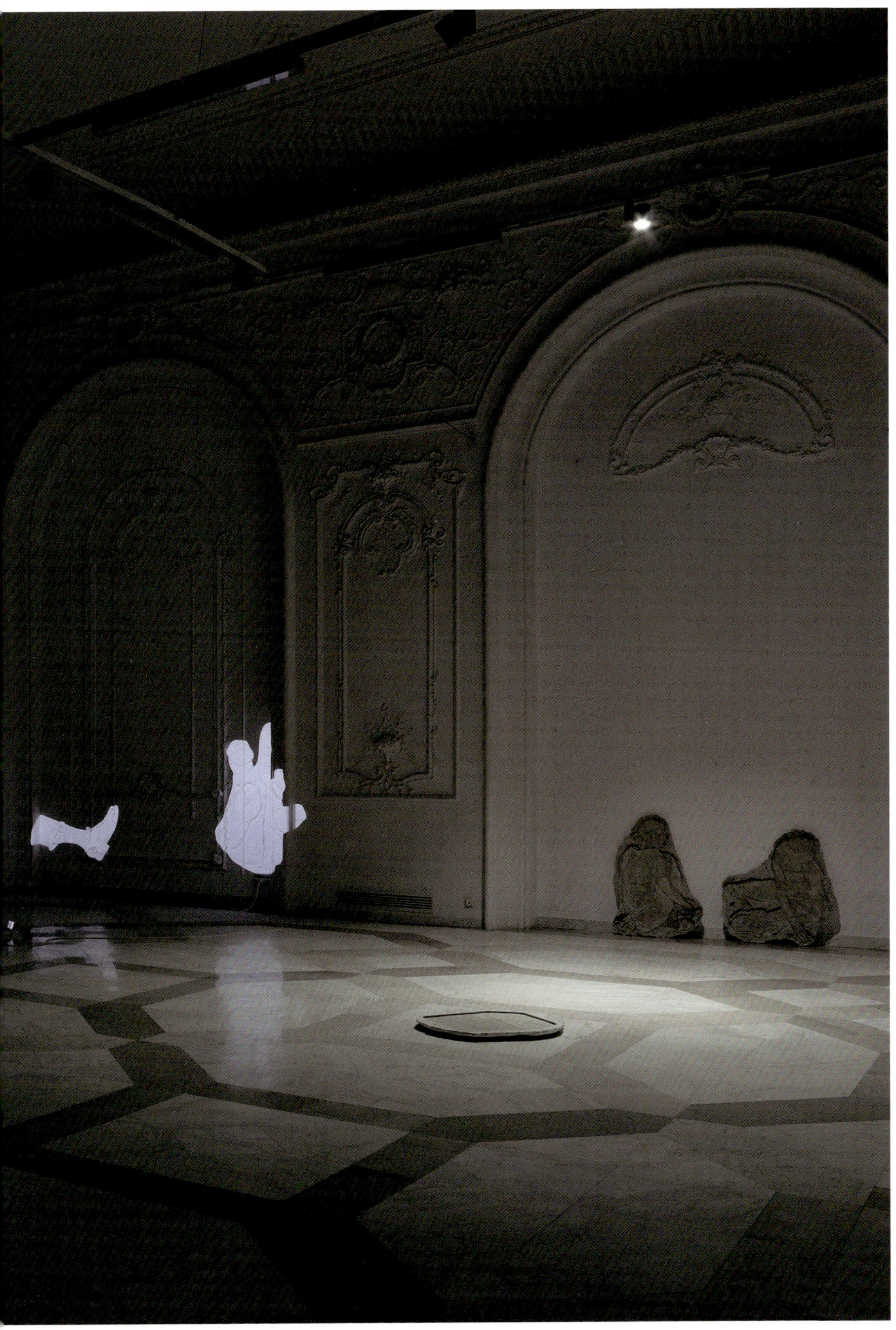

1 Abandoning the Shadow / Catching Light
exhibition view, MNAC, Bucharest, 2020 Previous spread

2 M, 2018

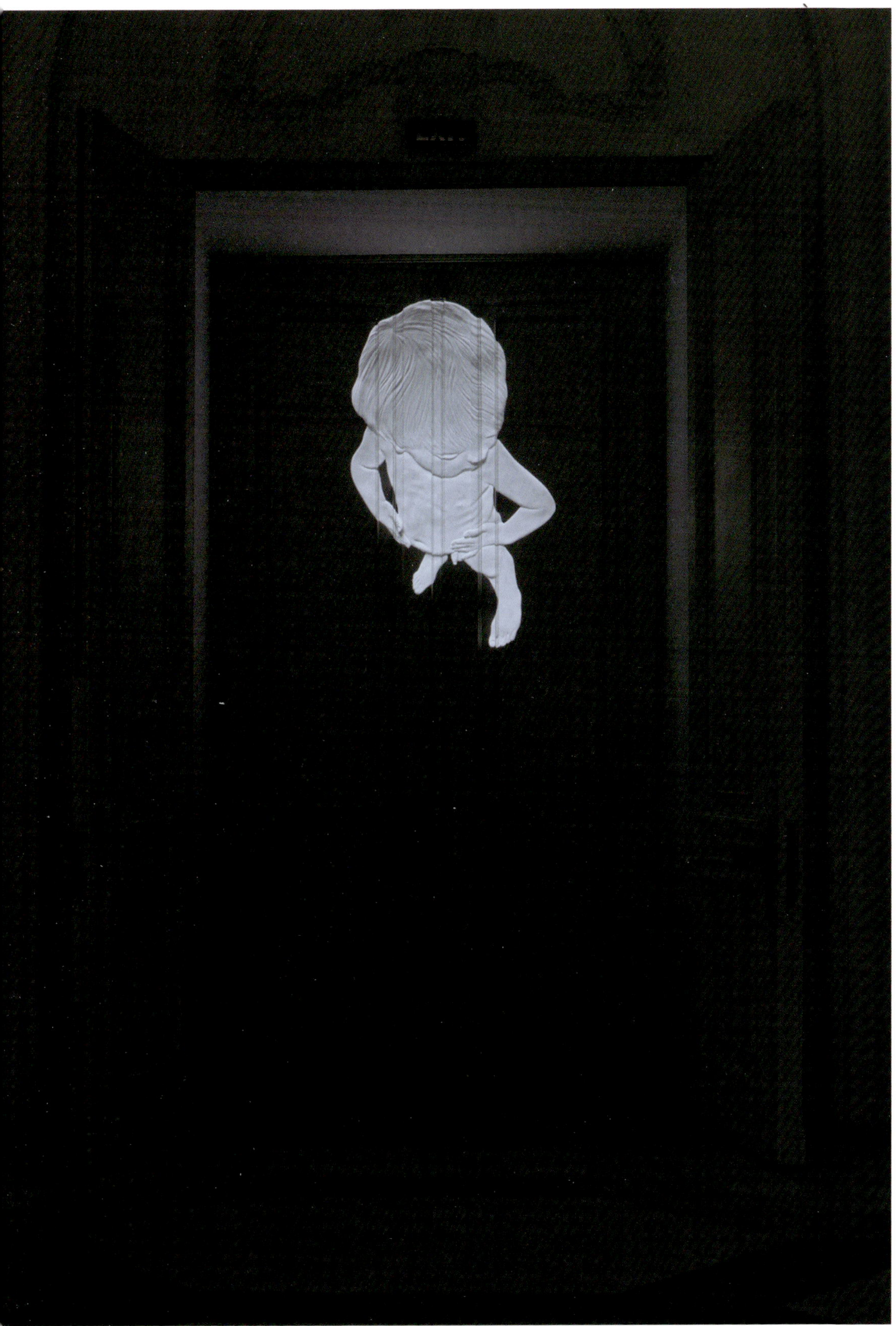

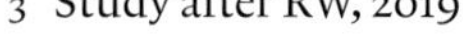

3 Study after RW, 2019

4 Abandoning the Shadow / Catching Light
exhibition view, MNAC, Bucharest, 2020 Next spread

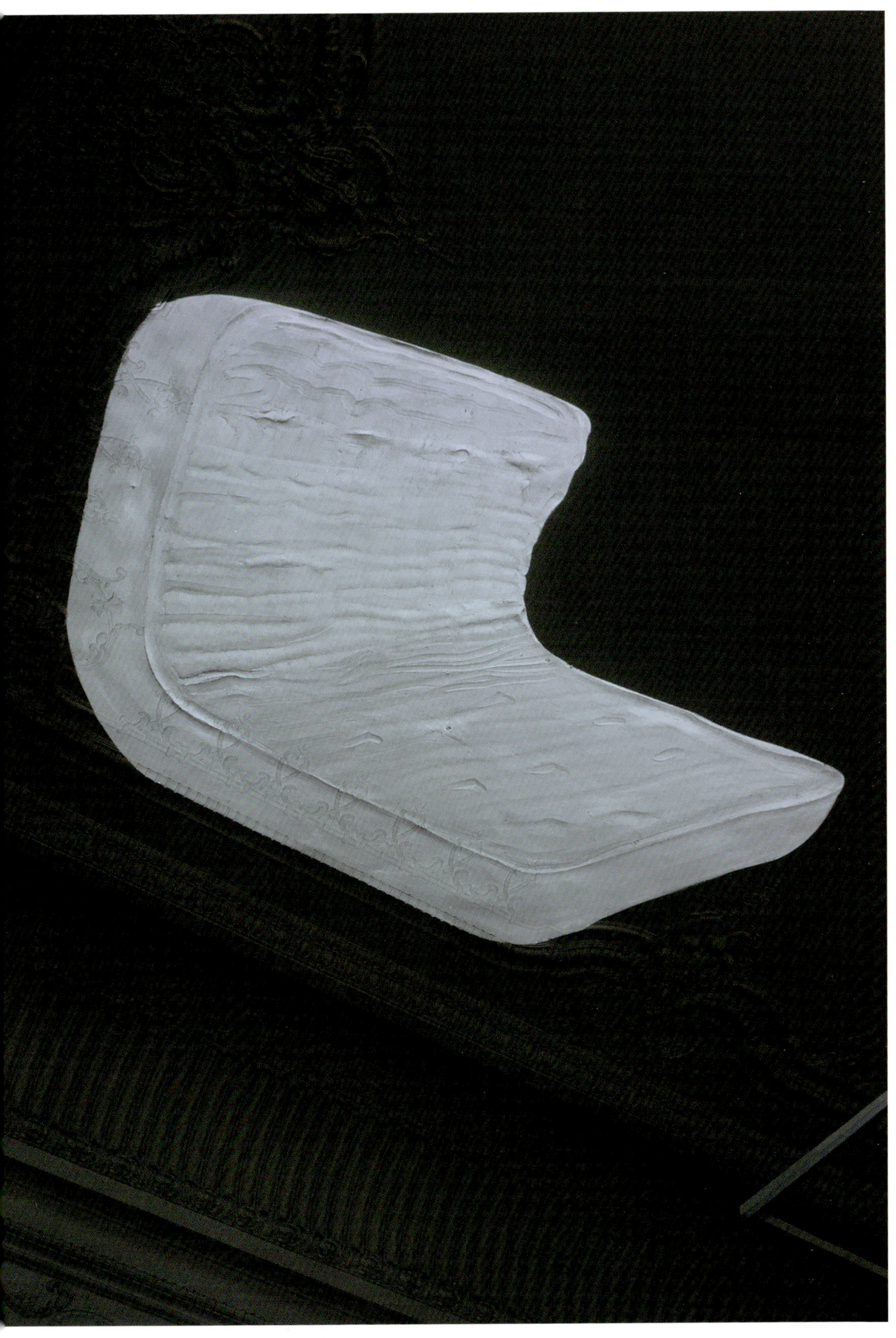

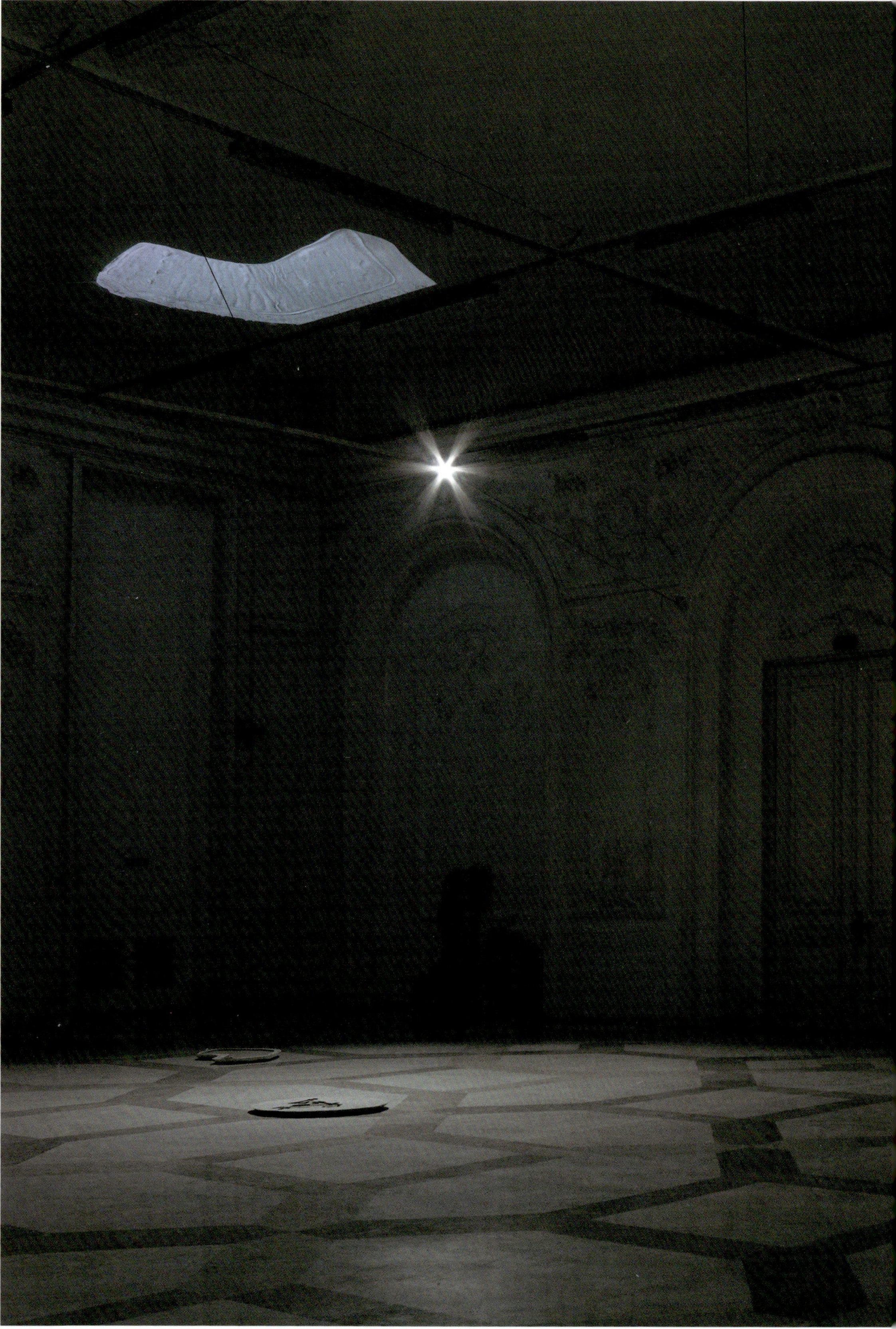

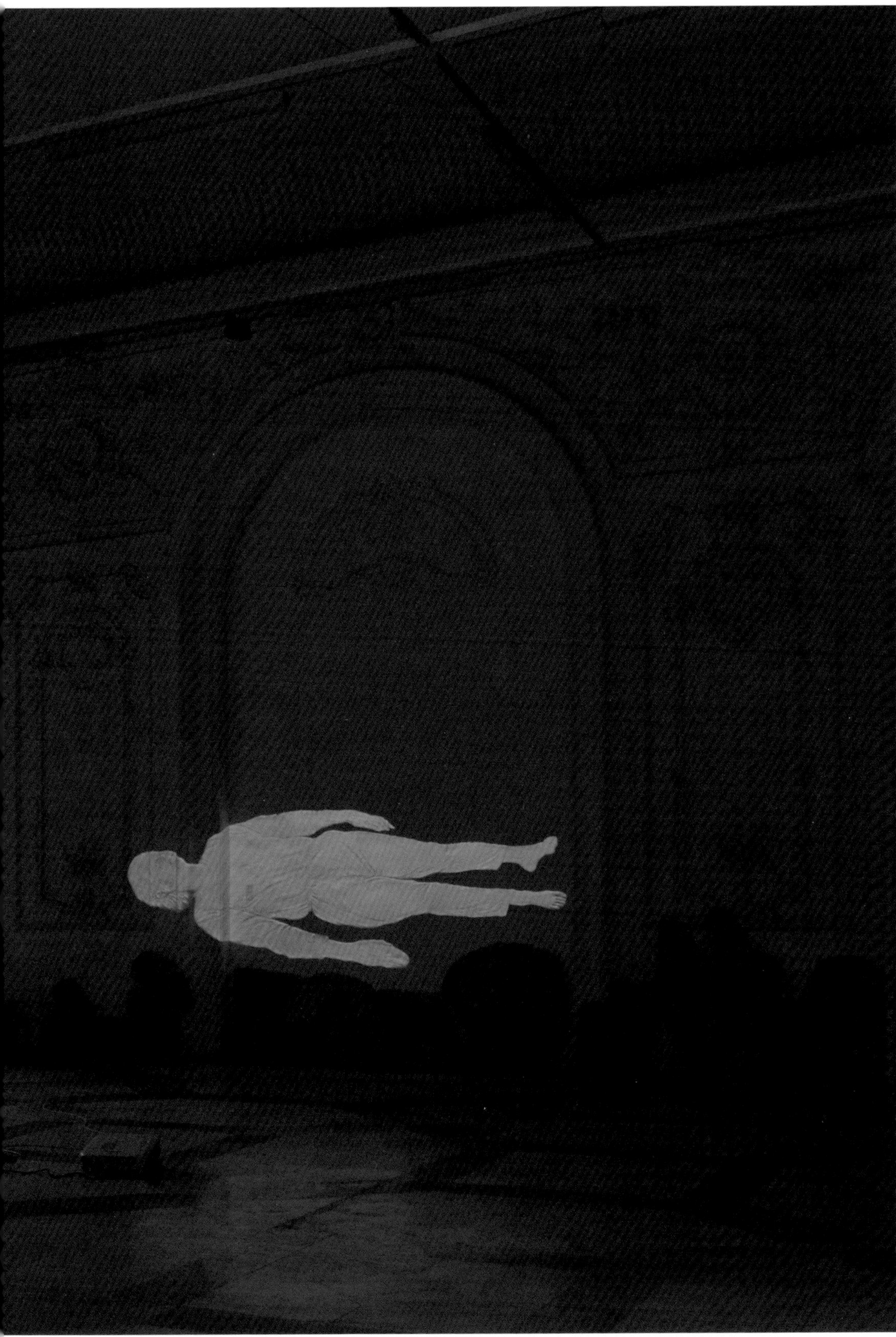

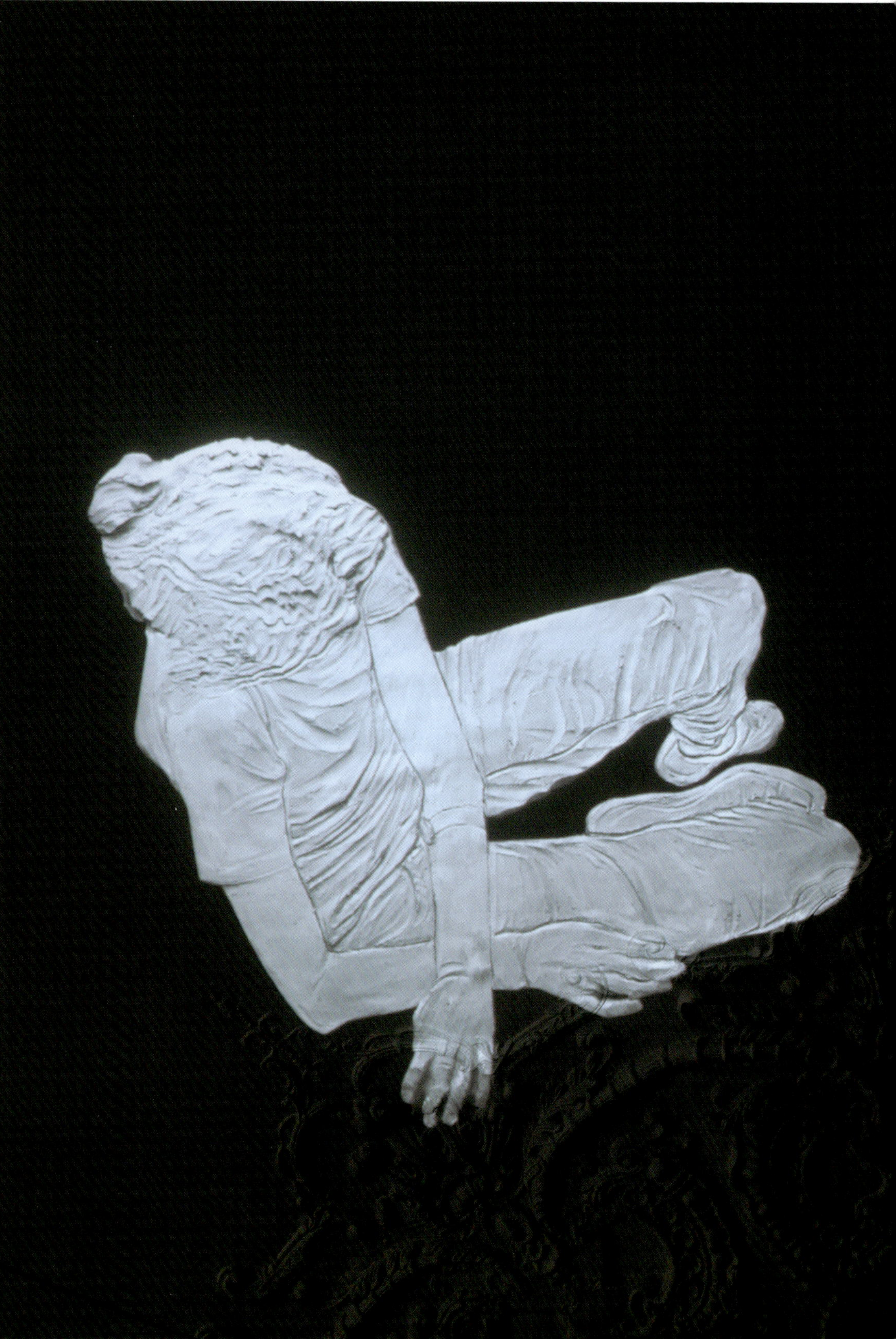

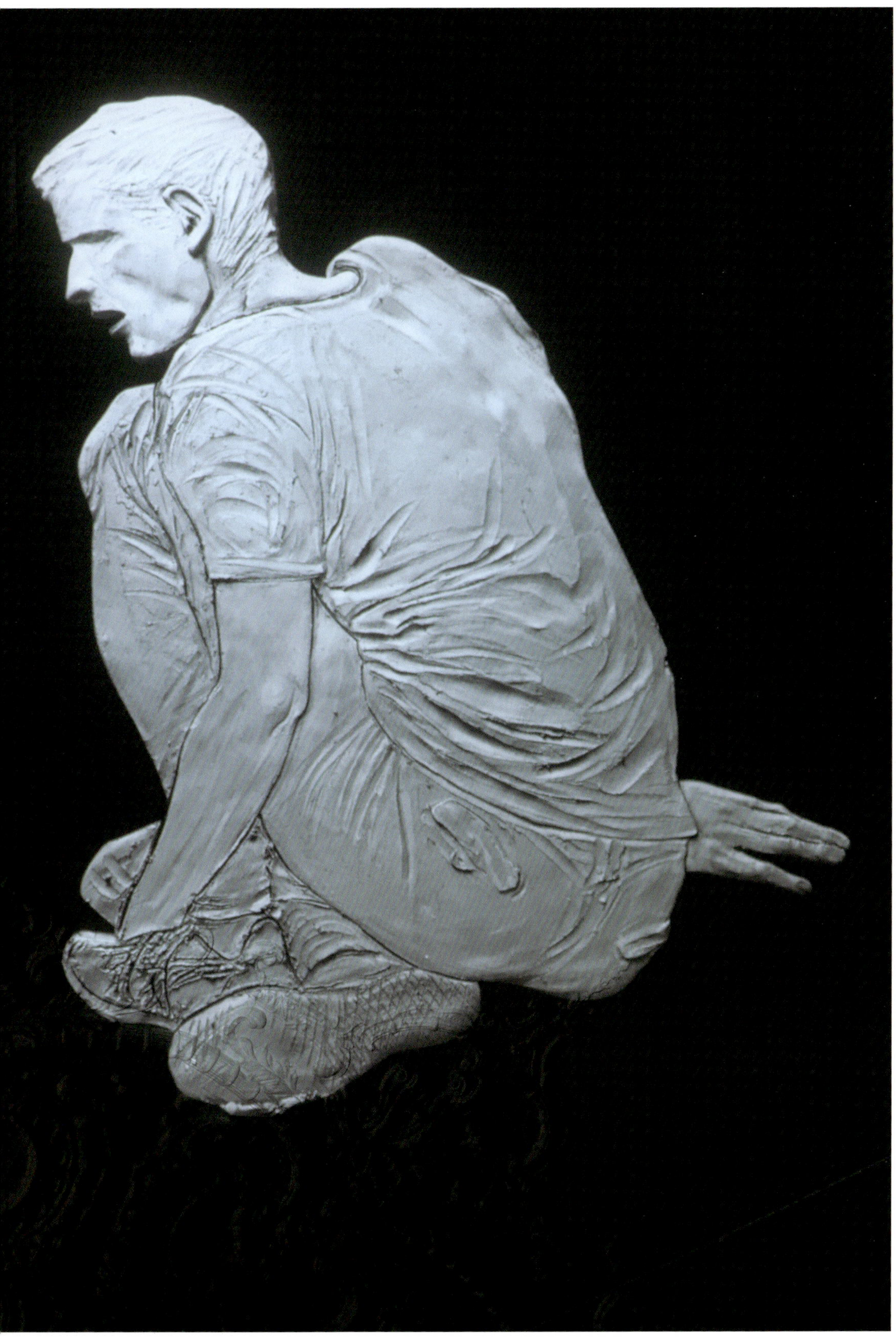

5 Studies after TS, 2019 Previous spread

6 Studies after TS, 2018-2019

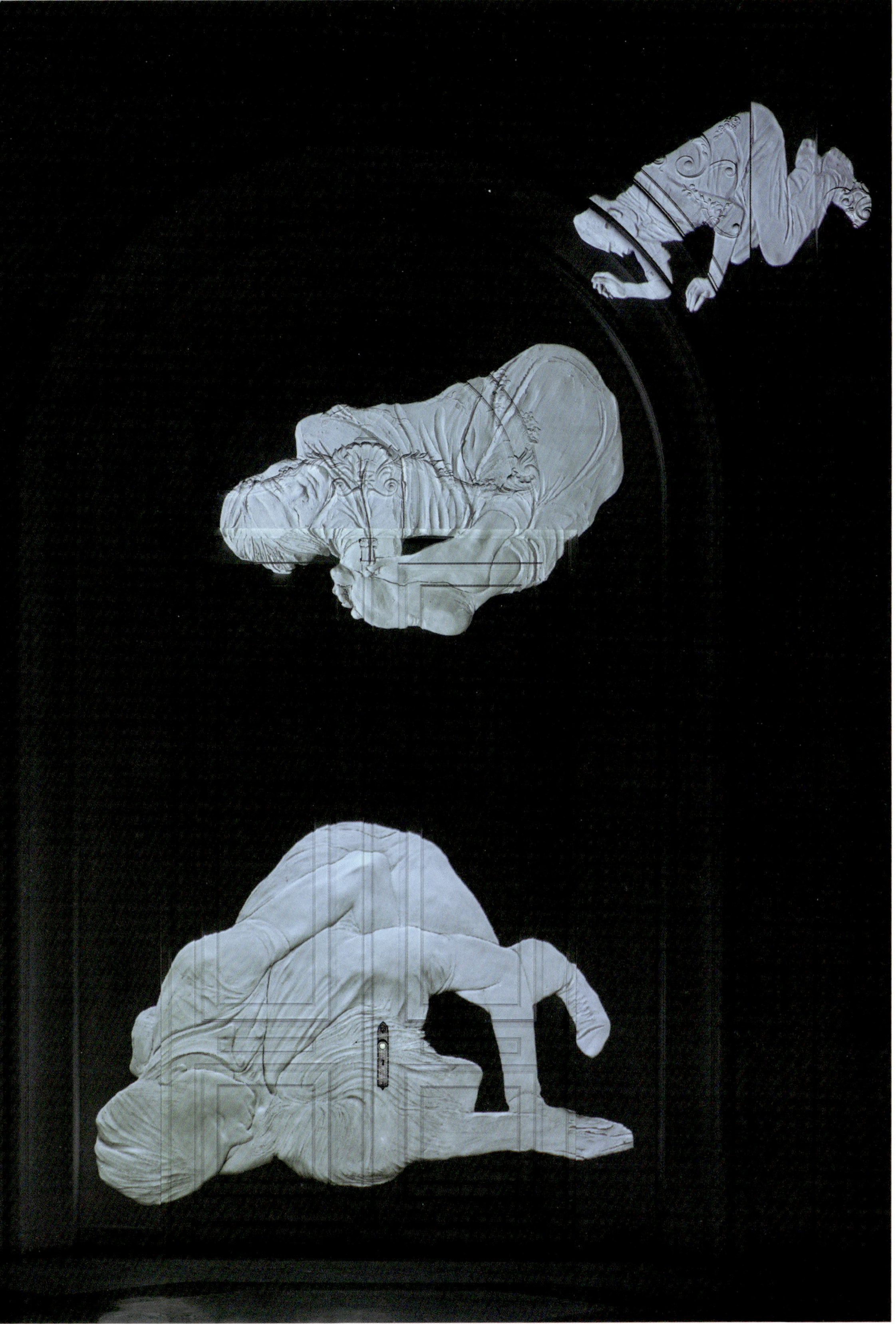

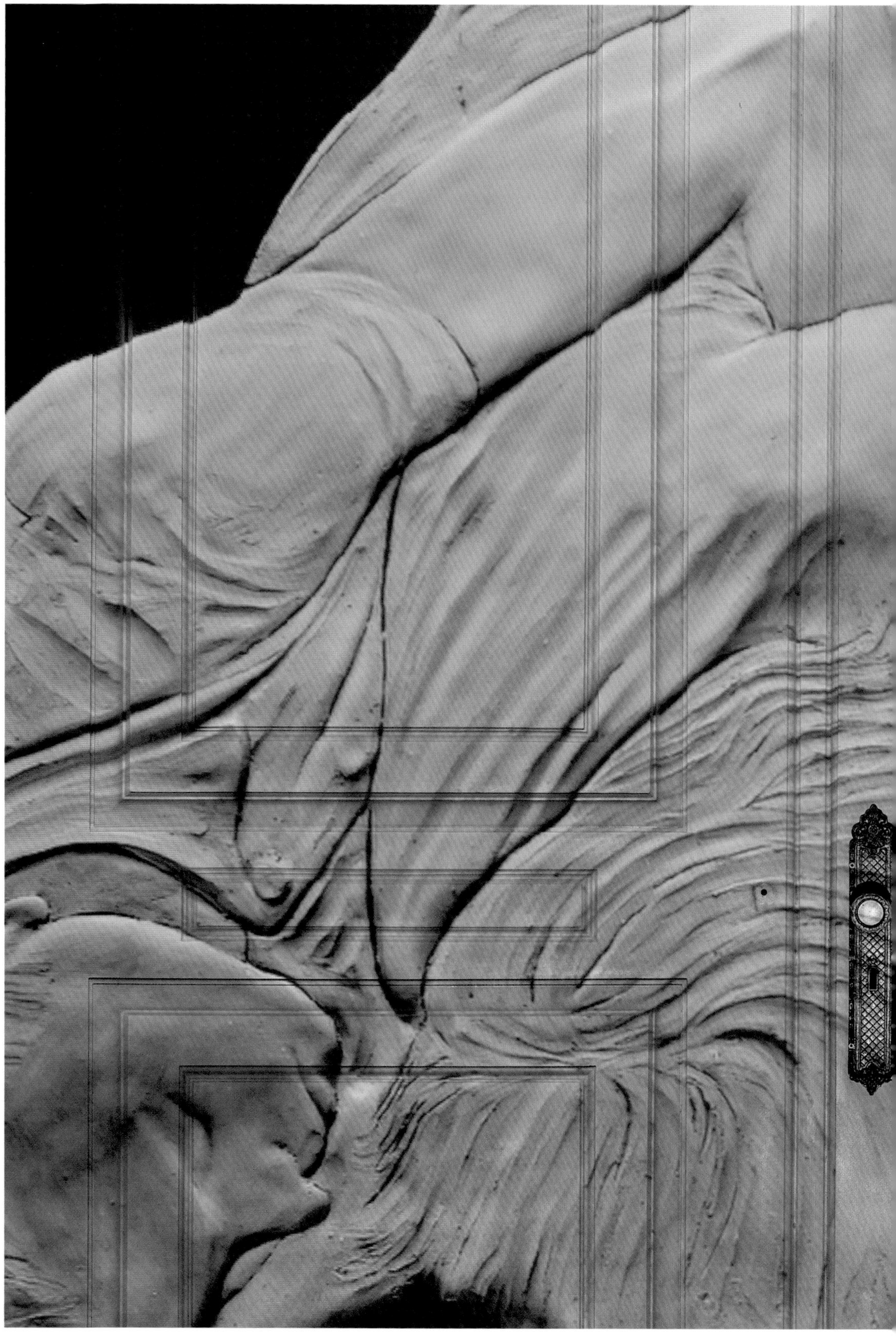

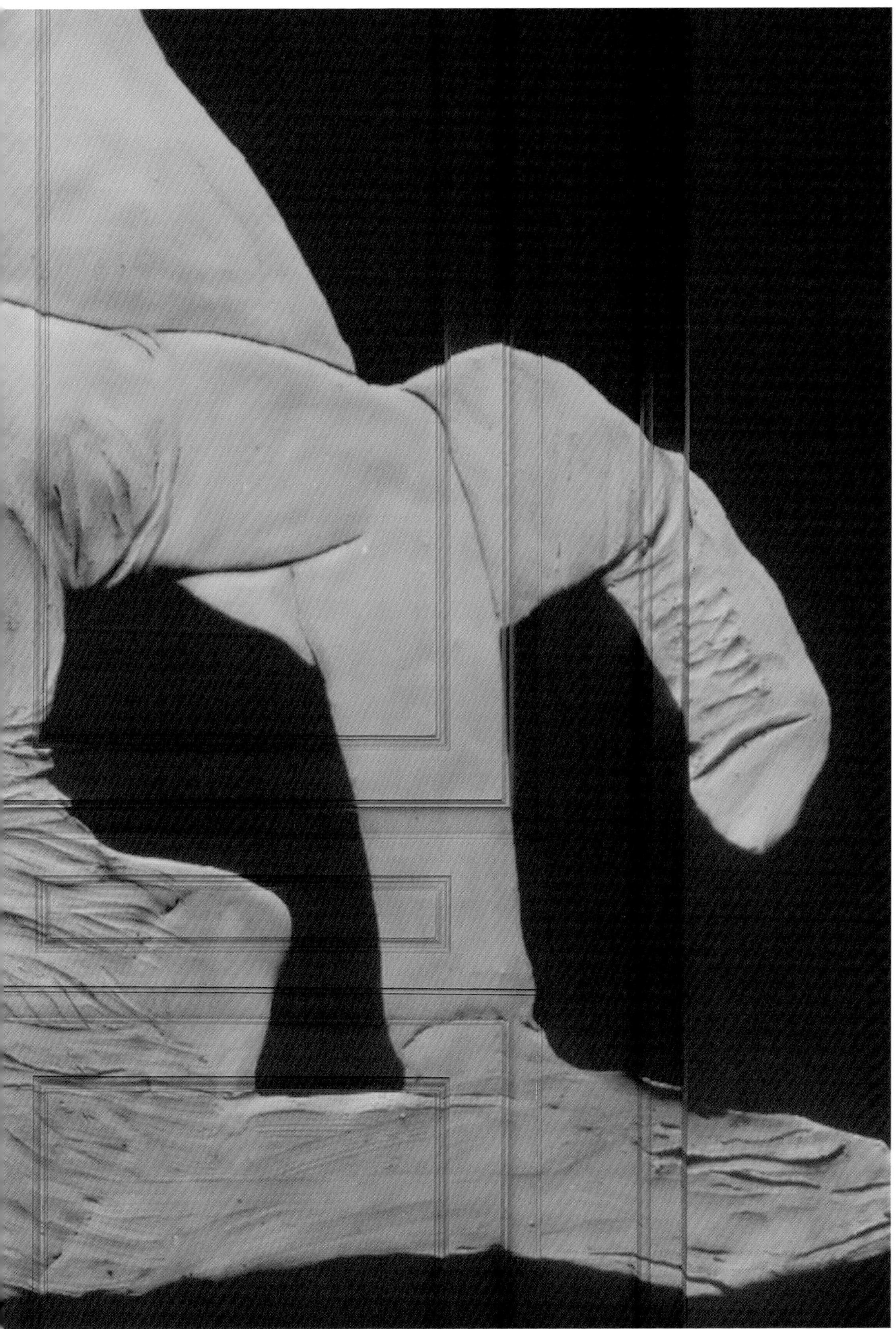

7 Study after TS (detail), 2018 Previous spread

8 Study after RH, 2019

9 Abandoning the Shadow / Catching Light
exhibition view, MNAC, Bucharest, 2020

10 Study after RG, 2020 / Study of Hand, 2020 Next spread

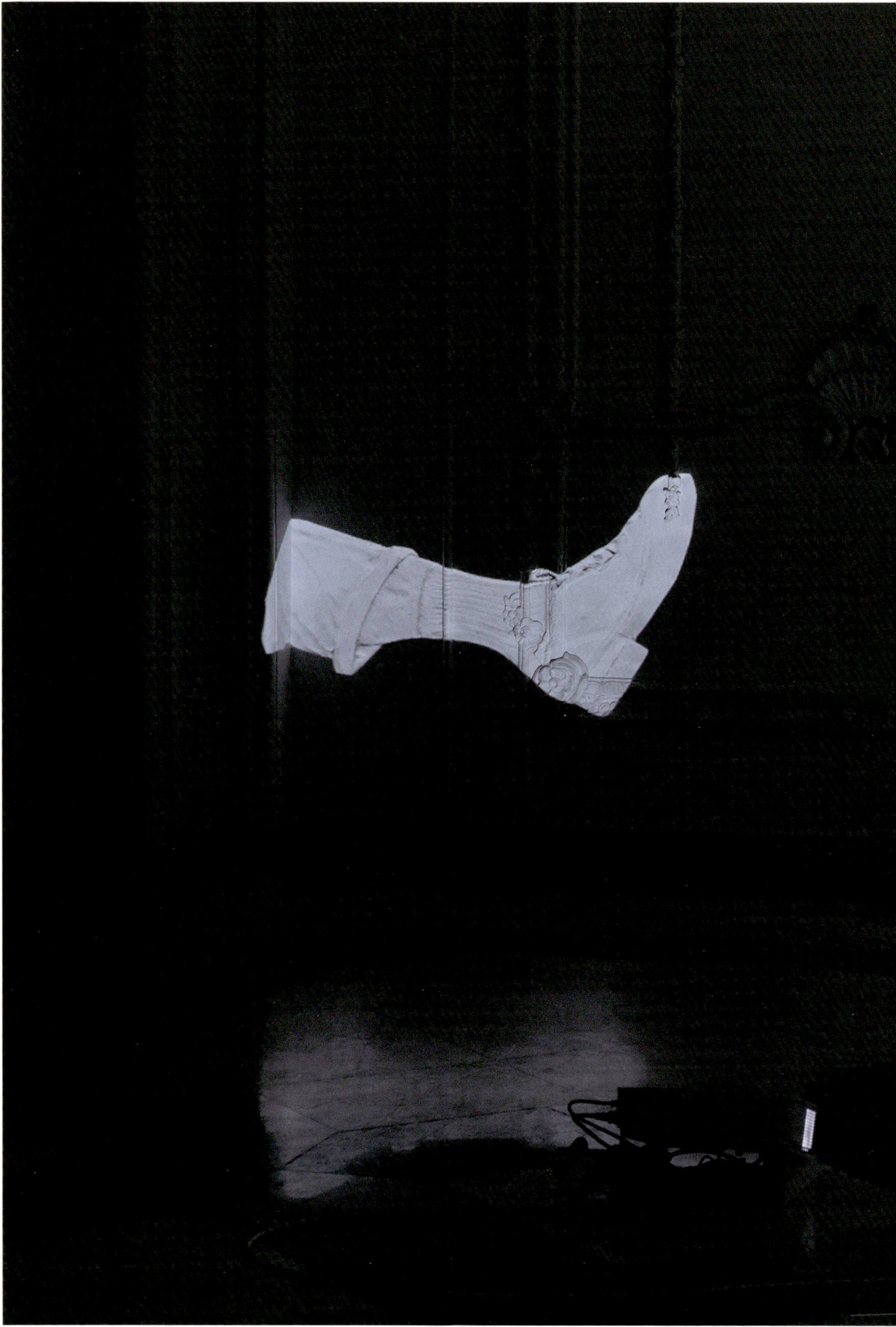

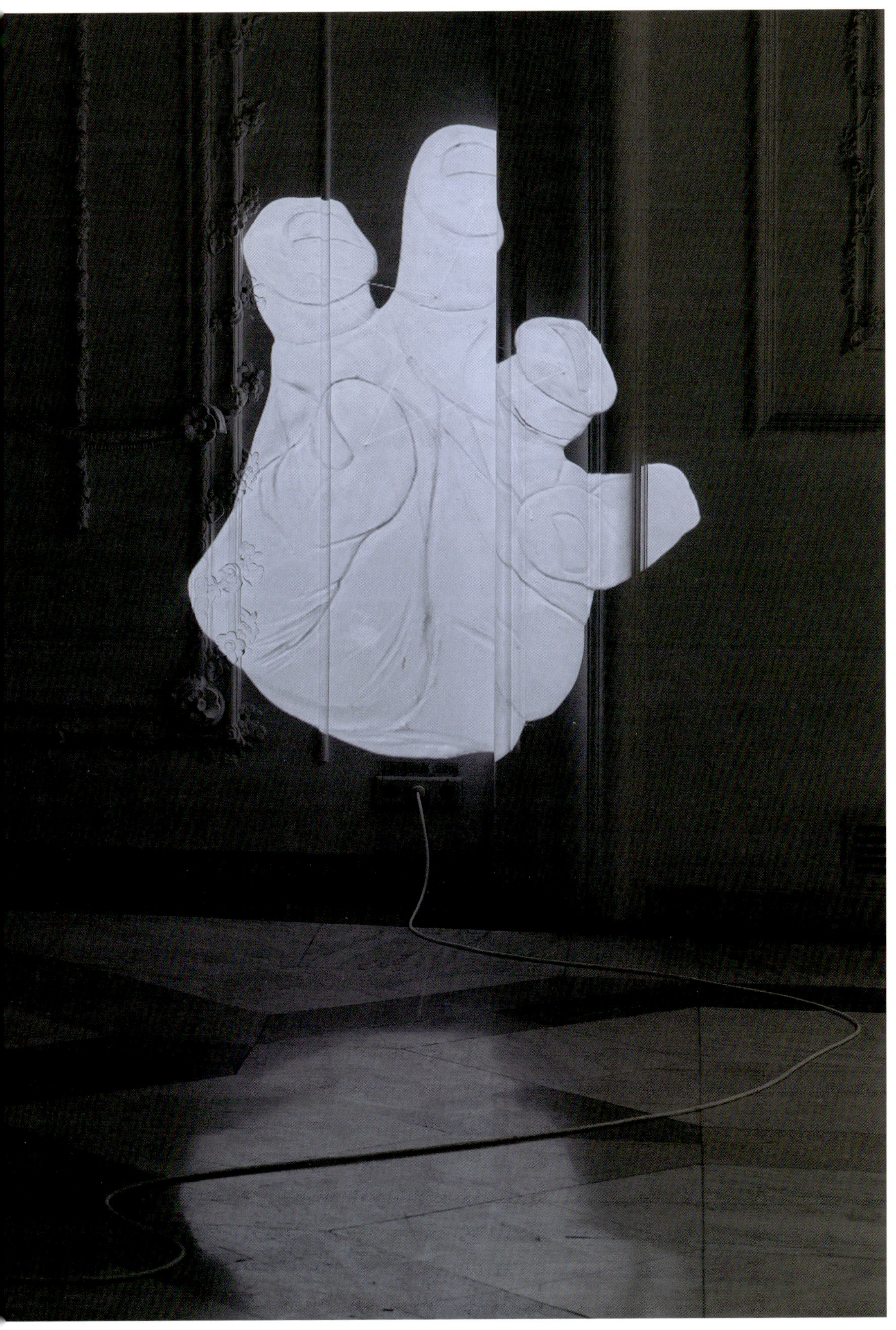

11 Abandoning the Shadow / Catching Light
exhibition view, MNAC, Bucharest, 2020

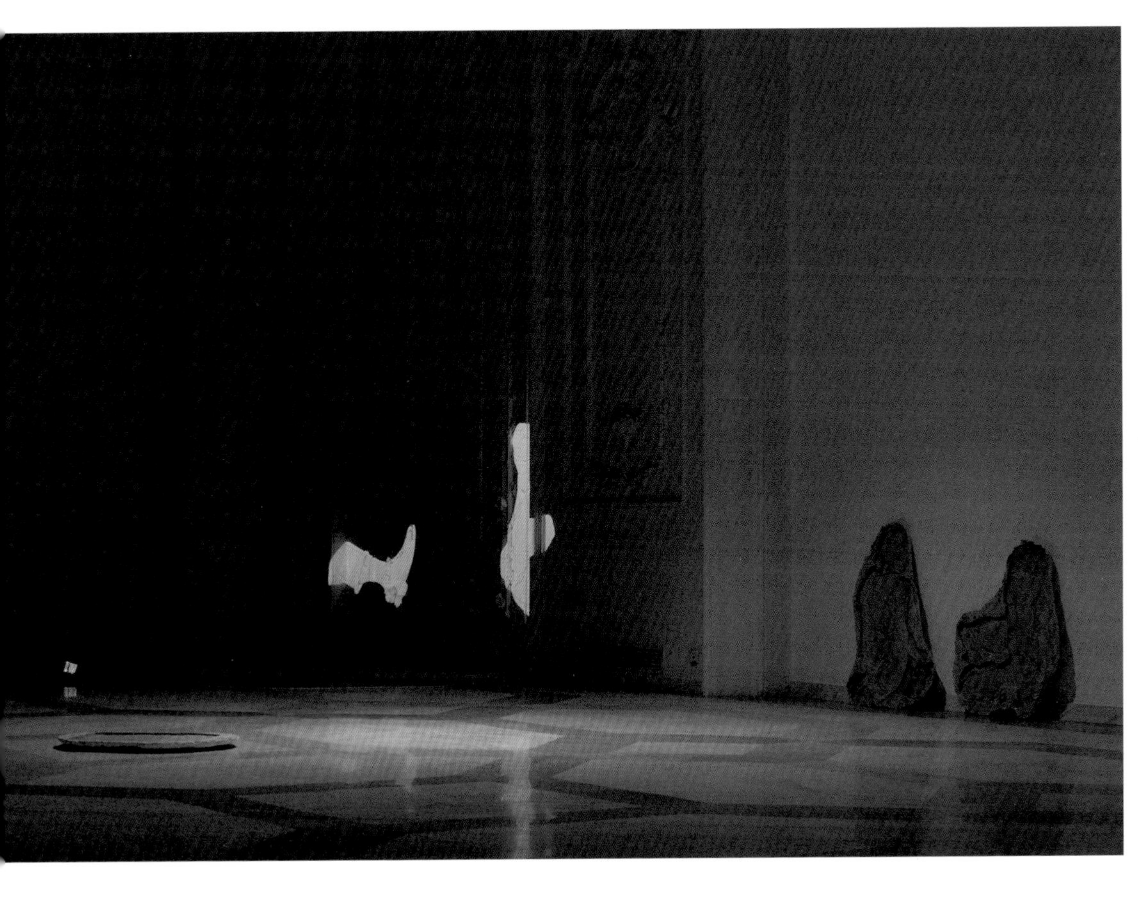

12 Study after TS, 2020

13 Abandoning the Shadow / Catching Light
exhibition view, MNAC, Bucharest, 2020 Next spread

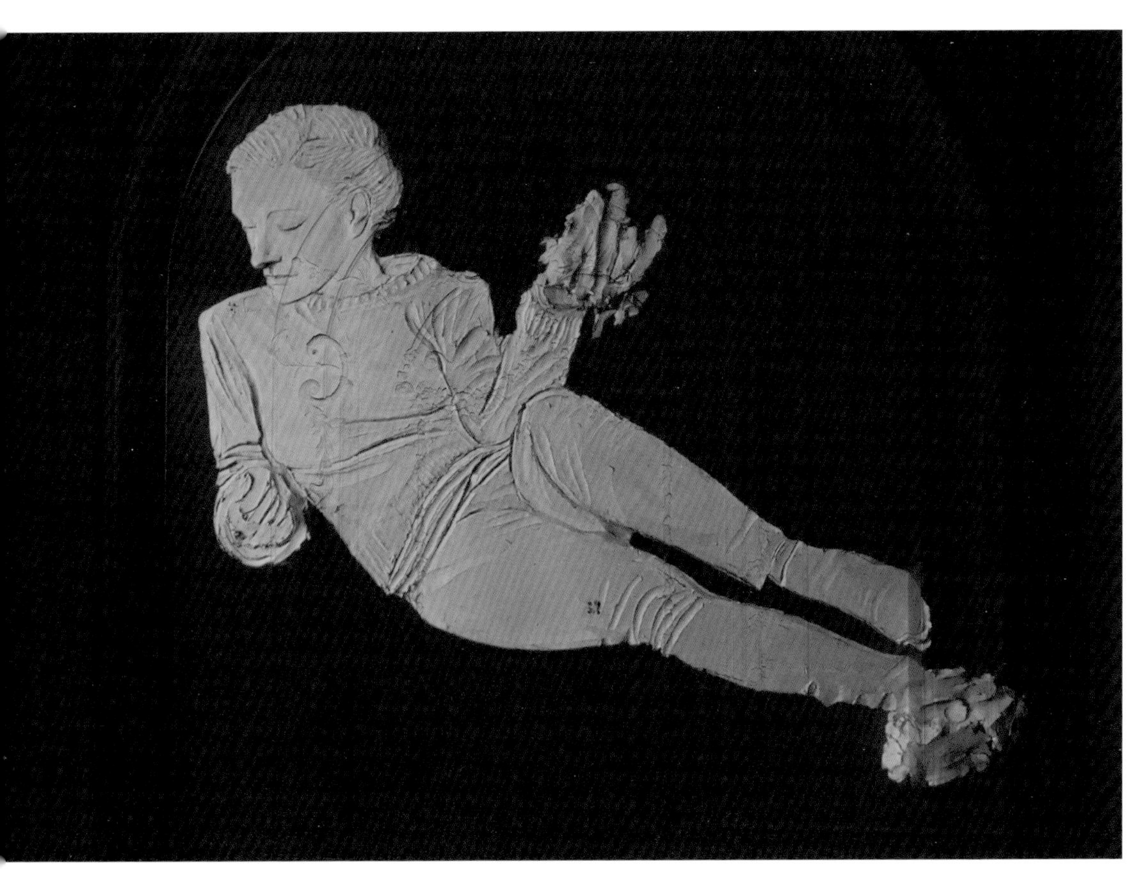

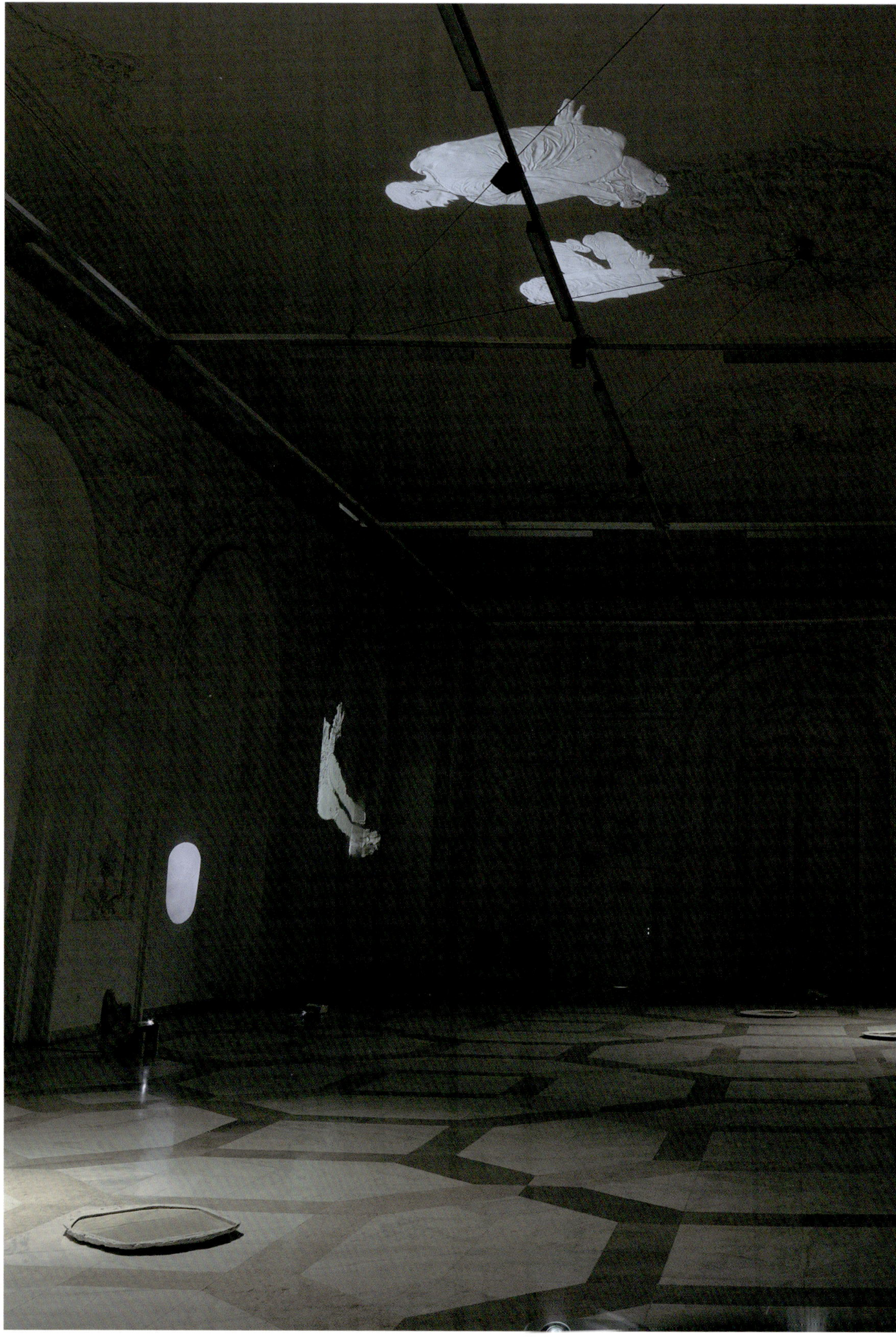

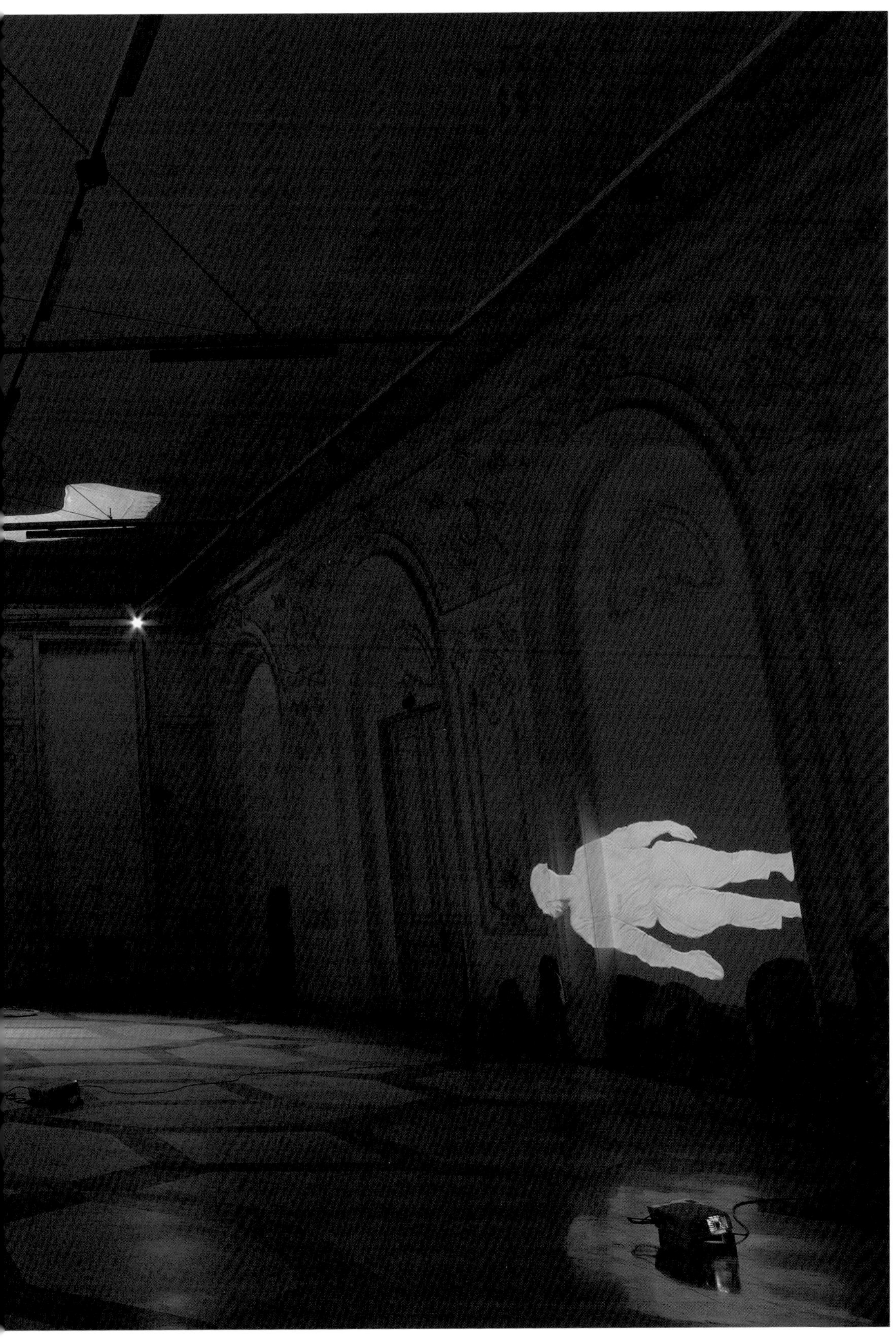

Abandoning the Shadow / Catching Light
Călin Dan

There is a very long journey between the sculpture that made Bogdan Rața suddenly famous and the images he offers us today. “HandGun” (2011), initially produced for an excellent public-space-political-project initiated and coordinated by Ioana Ciocan (“Proiect 1990”, 2010-2014), was an anamorphosis translation from foot to hand, exploiting in an ironic tone the (in)famous icon of the raised fist – one of the most common symbols of social revolution. Of monumental size, cast in red synthetic resin, the object was in your face and in you mind, unforgettable and irritating. After its initial installation on the marble socle of a V. I. Lenin monument displaced in 1990, “HandGun” has been for years hosted by the National Museum of Contemporary Art in front of the entrance. Personally, I was relieved when its current owner terminated the loan.

I think now, that looking back at this work might help us better understand the personality of Bogdan Rața, and the spectacular transformation of his art. “HandGun” is the product of an inquisitive mind, fearless in front of the dangers of kitsch, using it as a shock weapon for creating memorable moments. Deliberately, the young artist was seeking the impact reducing to a minimum the time necessary for reading his work, expanding in compensation the memory time that this kind of special impact will inevitably generate. In that sense, "HandGun" was creating a paradigm and laying out a long term strategy. The latest results of those are visible now in "Abandoning the Shadow / Catching Light", the exhibition hosted by MNAC in its signature space – the Marble Hall.

To my understanding, Bogdan Rața started as a strong believer in the lessons of Pop Art, with its strategies of transgression, uber-visibility, speed, artificial materials and colours, with its stimulation of digestive, consumer-oriented mentality. But at the same time his intellectual profile involves an analytic approach to art history in general, seen as a field for experiments in the possibilities of representation. Still, the artist decided that it was not the history of representation that should be explored, but – one step further – our "perception" of the same. In a sort of ad hoc musée imaginaire, Bogdan Rața reads the "photographic" history of art, the ways in which reproductive media moulded our sensibility and our mental relation with an art of depths through a medium of flatness.

Back now to "HandGun". By abandoning that formula, Bogdan Rața not only renounced tridimensional experience, but rejected also the narrative dimension implicitly involved. In a first radical step, his sculptures became the equivalent of axonometric architectural projections, clean and thorough descriptions of bodies posted in radical situations: entanglements, erotic poses, rigor mortis, extreme suffering. The incised surfaces and the precise silhouettes are describing the volume of sculpture in two dimensions, but with a punching naturalism that forces the brain to project the image into full volume. Bogdan Rața left the realm of Pop Art, but kept its most important legacy – schematic naturalism, combining it with the powerful discoveries of another seminal era – the Italian Quattrocento and its elegant, technically impeccable renderings of human anatomy. It is the moment to bring forth again the concept of "Haptics" – that unique ability of the humans to "feel" the matter, its texture, volumes, temperature even, from the explorations of the eyes and the signals they send to the brain. Bogdan Rața's flat sculptures are a study case for the ways this complex yet subtle mechanism works.

The complexity of this perception phenomenon grows through the fact that volume still exists, in an unassuming but resilient way – the incised shape does not function just on surface, but has undeniable spatial presence. This is a sculptural late equivalent of Brunelleschi's famous mirror experiment. Same as in that case, the trompe l'oeil, the "tricking of the eye sight" happens in the reality of our 3D space. The viewer is invited to recompose the volumes, to project into the lower reality a higher level of fiction with human forms. This is a kind of invitation to forensics, as the ribbon-like twisted human silhouettes became the remnants of people frozen in positions of suffering induced by some unnamed catastrophes. There is an indelible morbidity to those characters, in the sense of morbidezza (softness), but also in the sense of decay, reminding of the images left to us by the tragedies of Pompey, or by those filmed at the discovery of concentration camps by the allied troops, in 1945.

The artist himself describes this phase of his work as a mitigated solution between the negative mould and the positive cast. And indeed the moulds become a consistent part of the oeuvre, which is thus displaced from the business of content negotiation into the business of self-reflection, at the level of technique (τέχνη, tékhnē). Slowly but unavoidably Bogdan Rața reached the point where his work became about the production of sculpture itself. It is interesting that he uses the Möbius strip as a metaphor in order to explain the endless journey he performs between negative and positive. Interesting because the Möbius strip is probably one of the popular visual marks of modernism, rightly identified as such by Max Bill, a name that should be added to the list of references when we talk about Bogdan Raţa.

We cannot go further without stopping to the symbolism of the sculptural relief. In art production, no technical option is empty of symbolic consequences, as thought by Alois Riegl. The choice for one medium over another, for one material above another, for one technique sooner than another is having effects at the level of expression, and ultimately at the level of significance. Why is relief so moving, so intriguing, so different? Probably because of its hybrid nature, because of its ambiguity: the relief is neither sculpture, nor painting, but is reminding of both; it is not architecture but it is married to architecture; it is a front to a back much more complex than a simple supporting wall. Bogdan Raţa is undoubtedly using the ambiguities of the relief formula, and makes a

radical decision – the divorce from the wall and therefore the denial of architecture. His relief sculptures are orphaned of the vertical support and thus become fragile peelings of a volume that no longer exists. The artist plays with our fascination for archeology, for the remnants of larger constructions, for the rest, for the trace.
A challenging aspect of Bogdan Rața's sculpture is the absence of shadows. While his reliefs are so flat, so discreet that light cannot capture them and cannot generate shadows extracted from / exacted by them, it is obvious that the artist himself plays in his display design with a paradox: a shadowless sculpture, thus an immaterial sculpture. Another strategic decision concerns the abandonment of the socle, which ads to the immateriality and to the loneliness: not only the reliefs of Bogdan Rața have left their complicity with architecture, but they are denied even the minimum sculptural autonomy given by the socle. It is as if they should dissolve in the environment, disappear from the physical space and remain just a silhouette preserved in the mental space of emotions and memories.
With this, we step into the current phase of Bogdan Rața's work, developed for and first presented at MNAC. The successive abandonment

of the shadow, of the socle and of architecture are decisions that bring the artist even further on the critical path of analyzing-by-dismantling the concept of sculpture. The next step has been the abandonment of sculpture all-together, at least in its conventional confrontation with the regular viewer. The artist remains a proponent of the old time techniques – modelling in clay, moulding, and casting, over and over again. But now this repetitive process abandons the heaviness of the end product, converting the cast form into a virtual image, and even more so, a digital one, and that brings over a totally new set of possibilities.

The "de-materialisation of sculpture" is a bold step ahead of anything that has been done till now about innovating this medium. It is happening in the context and spirit of the Timişoara art school, where Bogdan Rața graduated and where he is developing now a sustained pedagogic activity: namely, the option for the medium over the message. In that sense, the art of Bogdan Rața should be judged in the equation of conceptualism; under the deceptive mask of "flat figurativism", the artist is actually elaborating around the large scheme of sculpture-as-instrument for the perception of “the concreteness of truth”. In an unexpected logical succession we get back to the example of Max Bill and concrete art, passing from the art as illustrative project to sculpture as a projection. In 2019 I authored an exhibition (“REPVBLIC. About Shadows in Sculpture”, Art Safari, Oscar Maughsch Palace, Bucharest) where the history of modern Romanian sculpture was given a curatorial reading through an enactment of the dance of shadows in Plato’s Cave. The way I see it, “Abandoning the Shadow / Catching Light” comes one year later as a response to my proposition, but the other way around. Because we couldn’t separate Bogdan Rața’s exhibition at MNAC from the eternal dilemma induced by Plato with his cave allegory from the dialogue The Republic. Here is a sculptor who rejects light (and therefore shadows) in his exhibition, choosing darkness. Here is somebody who annihilates the shadow as a mean of visual expression, and also as a symbolic instrument, and exploits in exchange the technical facilities allowing the creation of shadowless light – through the high definition digital projections of monochrome shapes floating in an abstract space. I dare to think that the exhibition of Bogdan Rața in the darkened Marble Hall of MNAC is a surprisingly new, unassuming, and

at the same time "old" (in the epistemic sense) proposition of envisioning the Cave we are all so much dreaming about.
Architecture has a come back as support for the relief/image, but it is annihilated by darkness, reduced to a cave, while the negative moulds prompted against the walls became now just memorabilia of past events, like tomb stones in an antiquities museum. It is exhilarating to see how Bogdan Rața's figurations are floating ahead on empty walls with the dominant presence of sculptures, while being just evanescent video projections. One could be naming this environment a video installation, but it would be an abuse, because this exhibition and this stage in Bogdan Rața's work are not about the technology or the medium he uses, but about a higher point of vantage. Where his experience as as manufacturer, teacher, artist, traveller and thinker are reaching the conclusion that, for a moment at least, light is more important than shadows.

 Study after RH, 2020

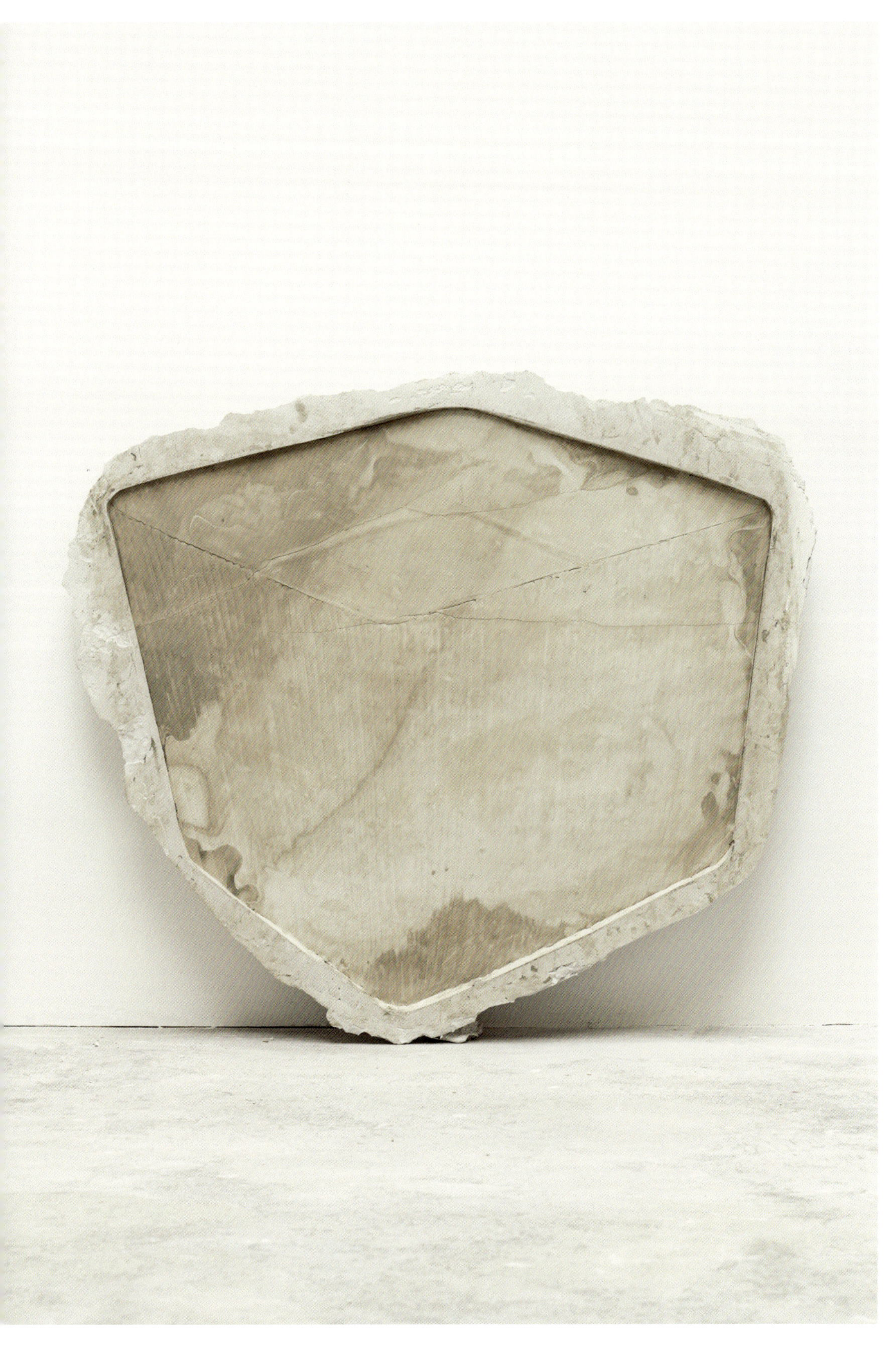

15 Study after FGT, 2019

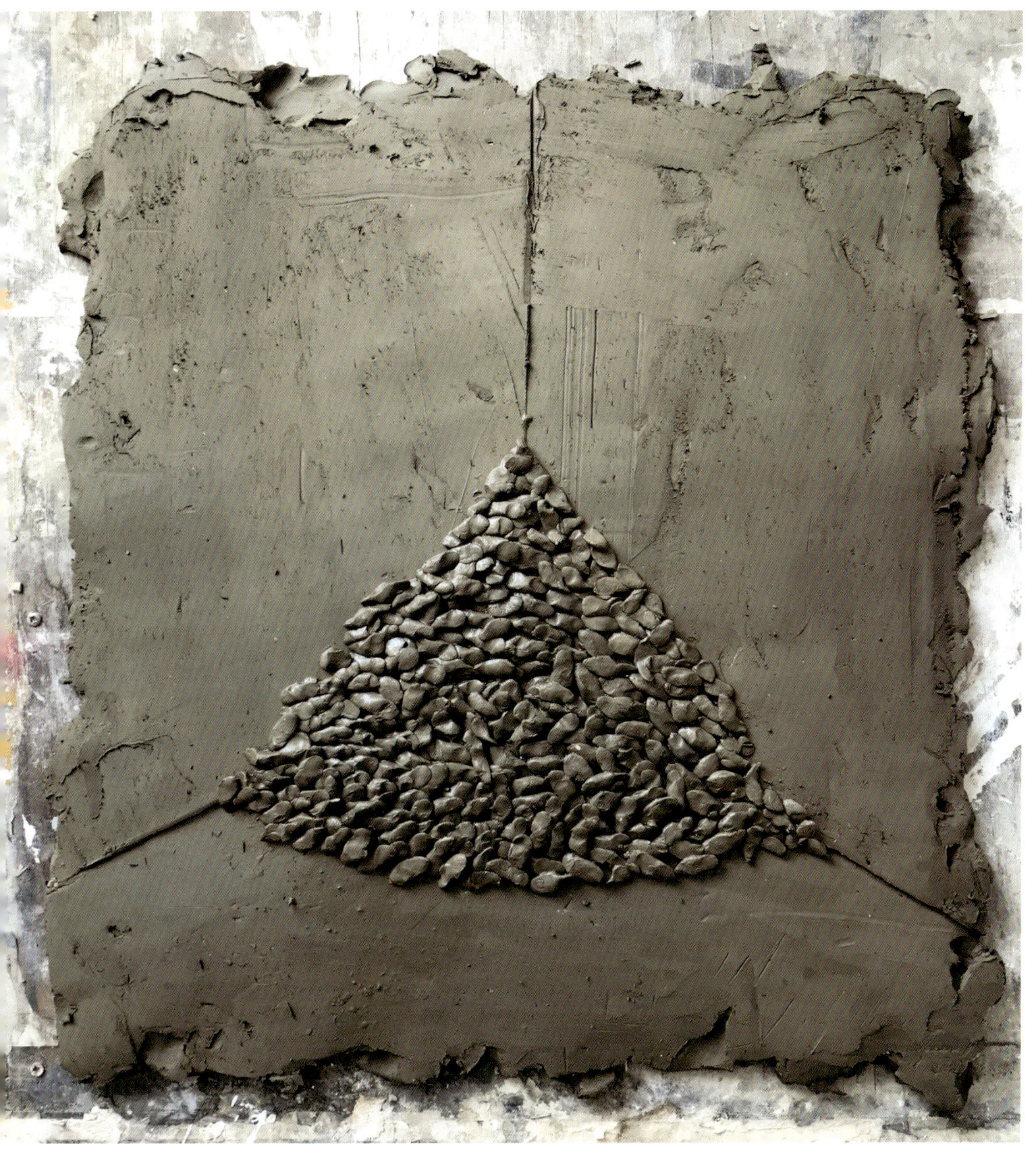

16 Study after FGT, 2019

17 Study after RH, detail, 2020 Next spread

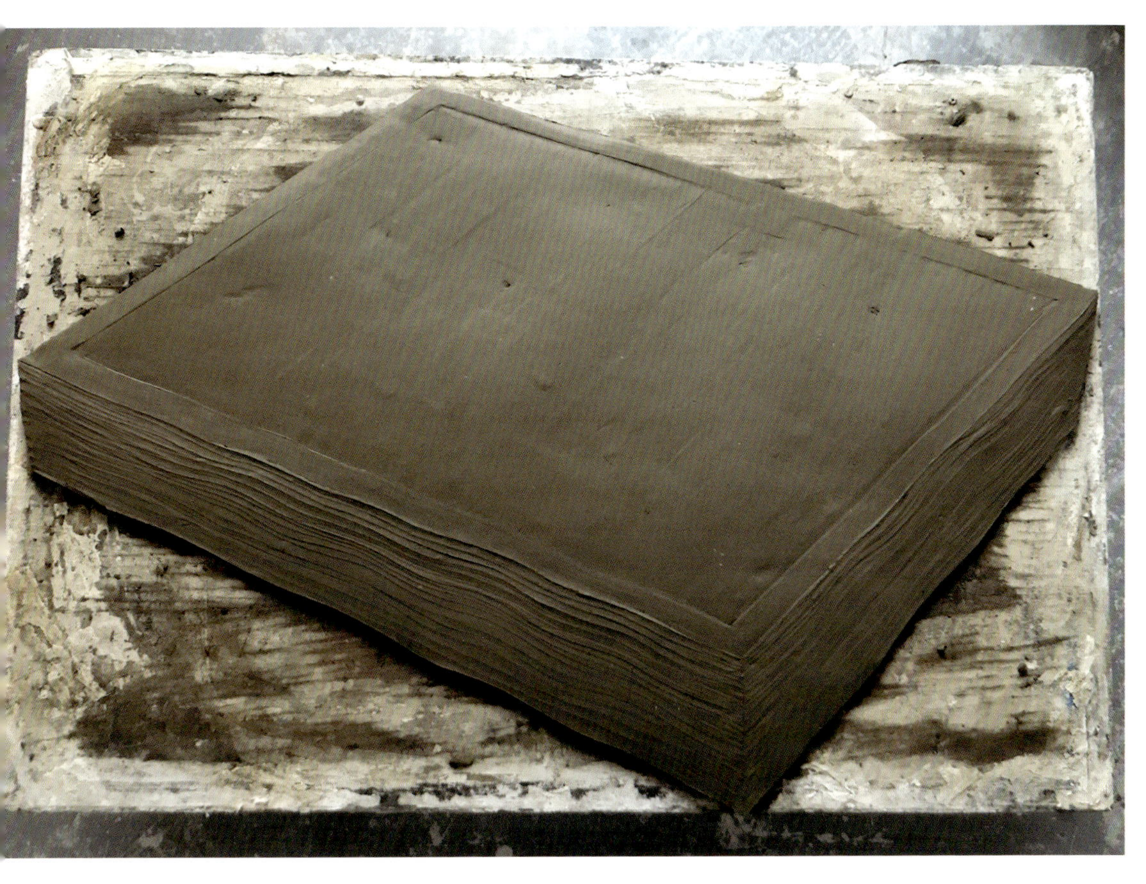

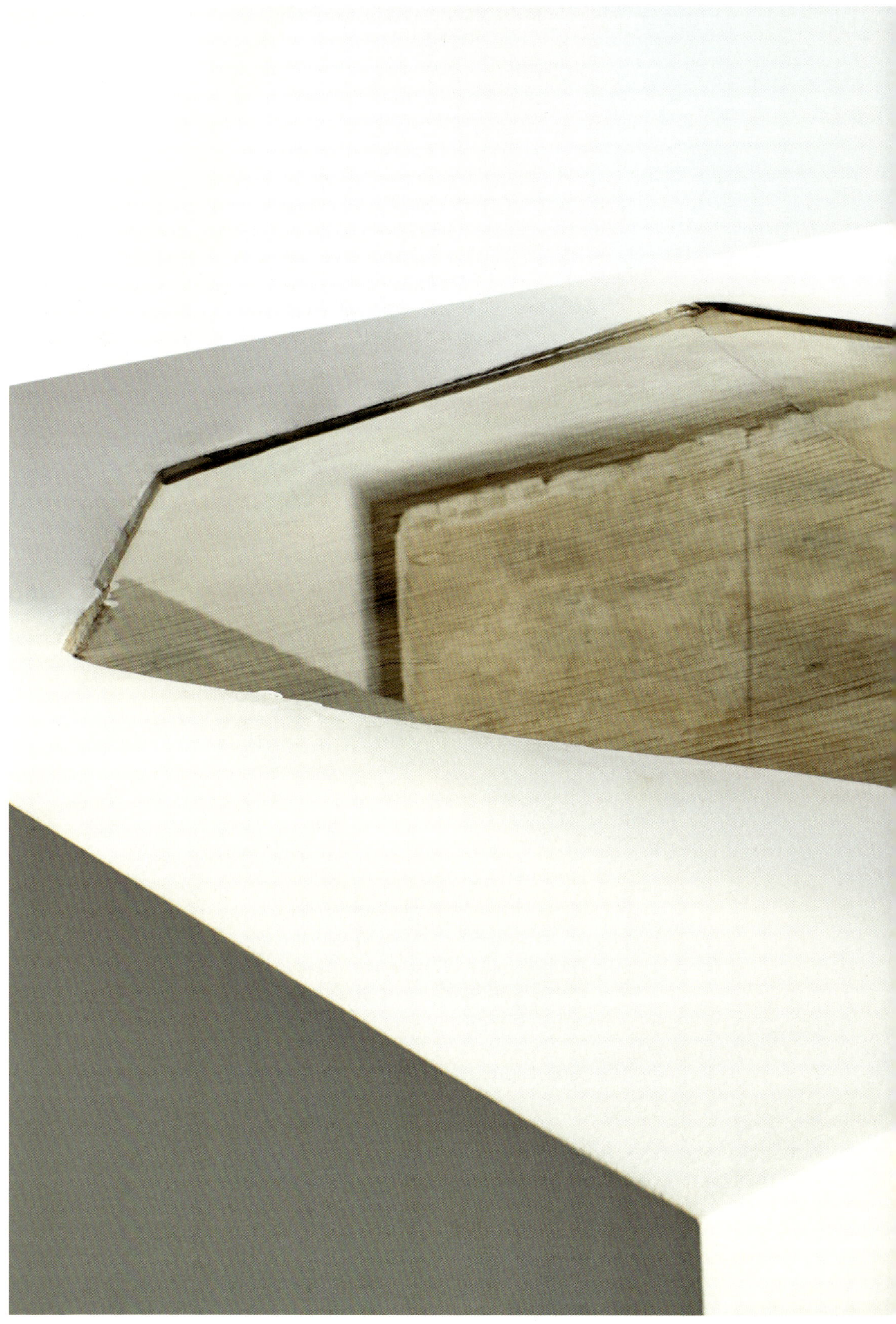

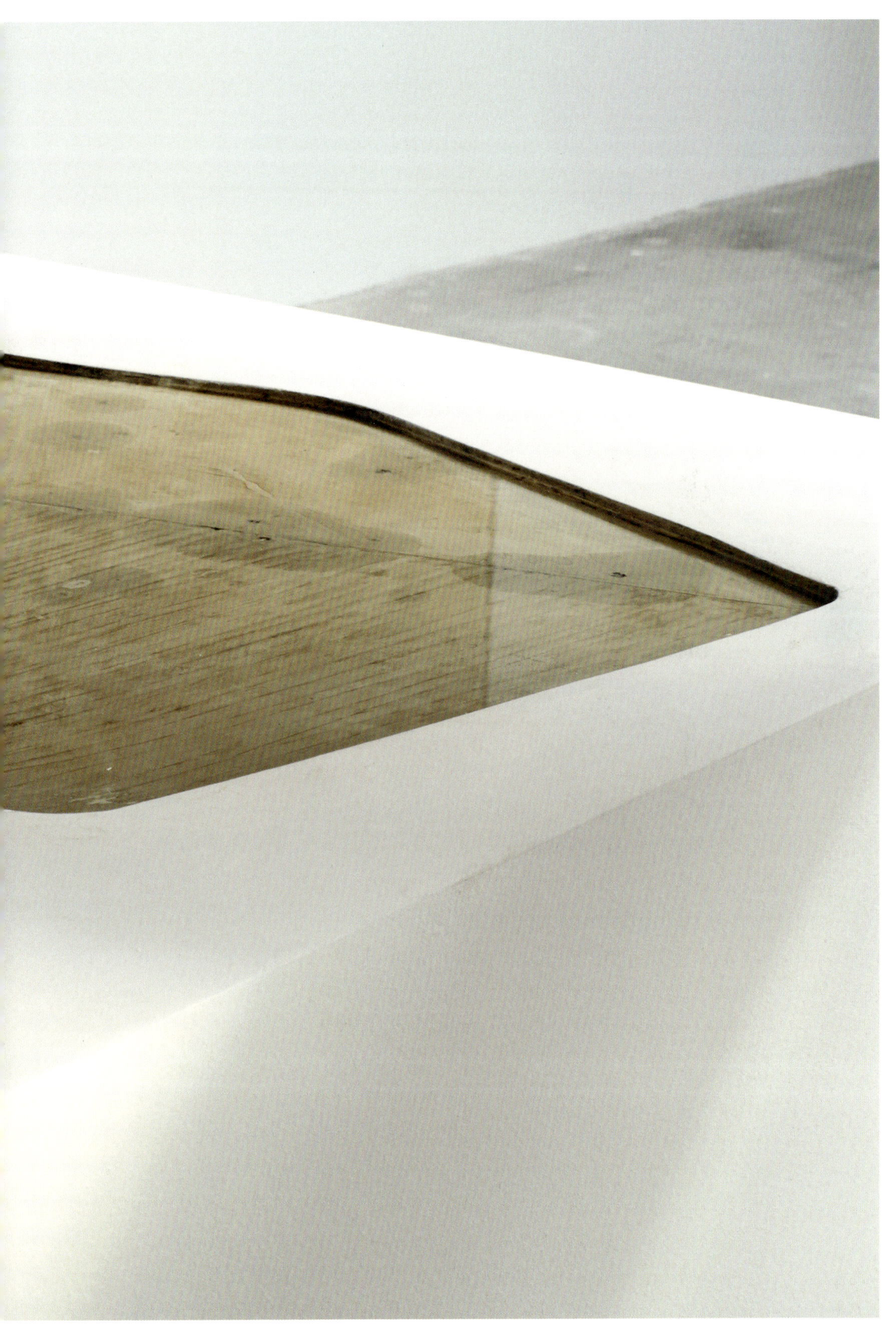

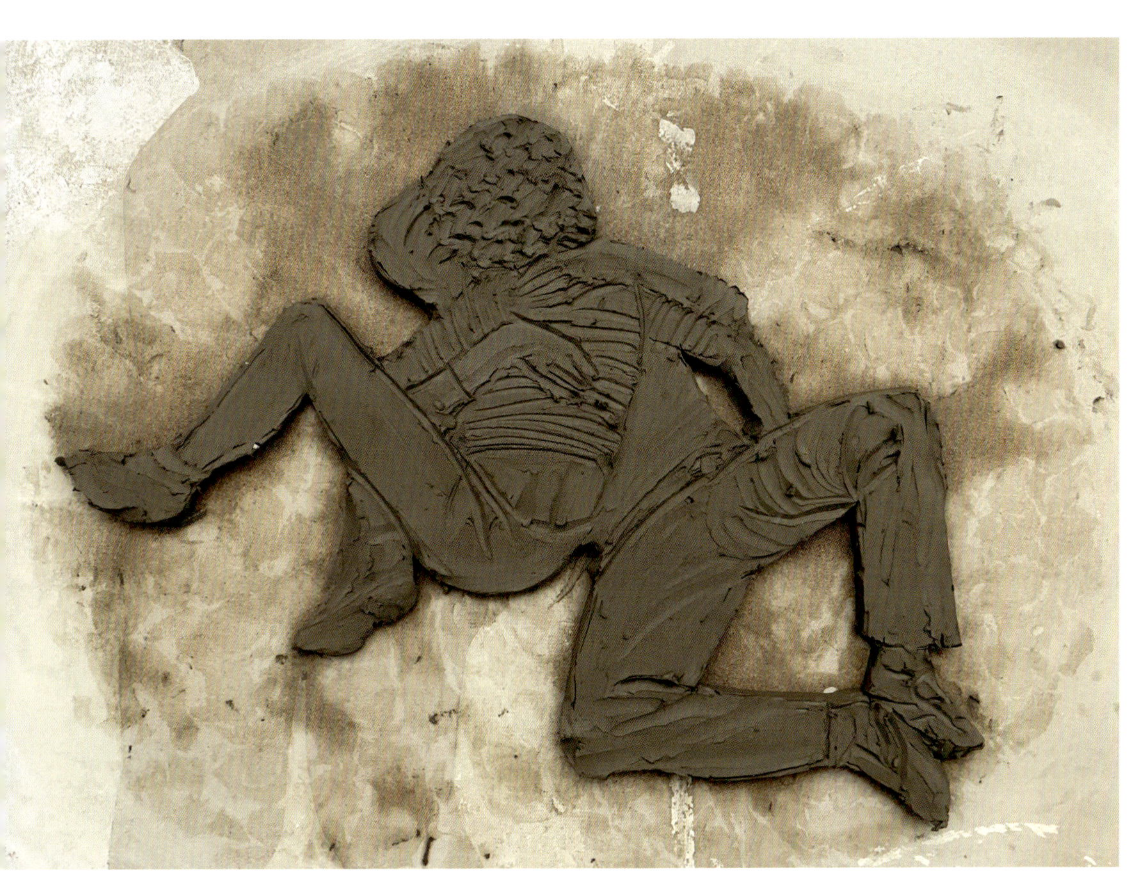

19 Study after TS, 2020

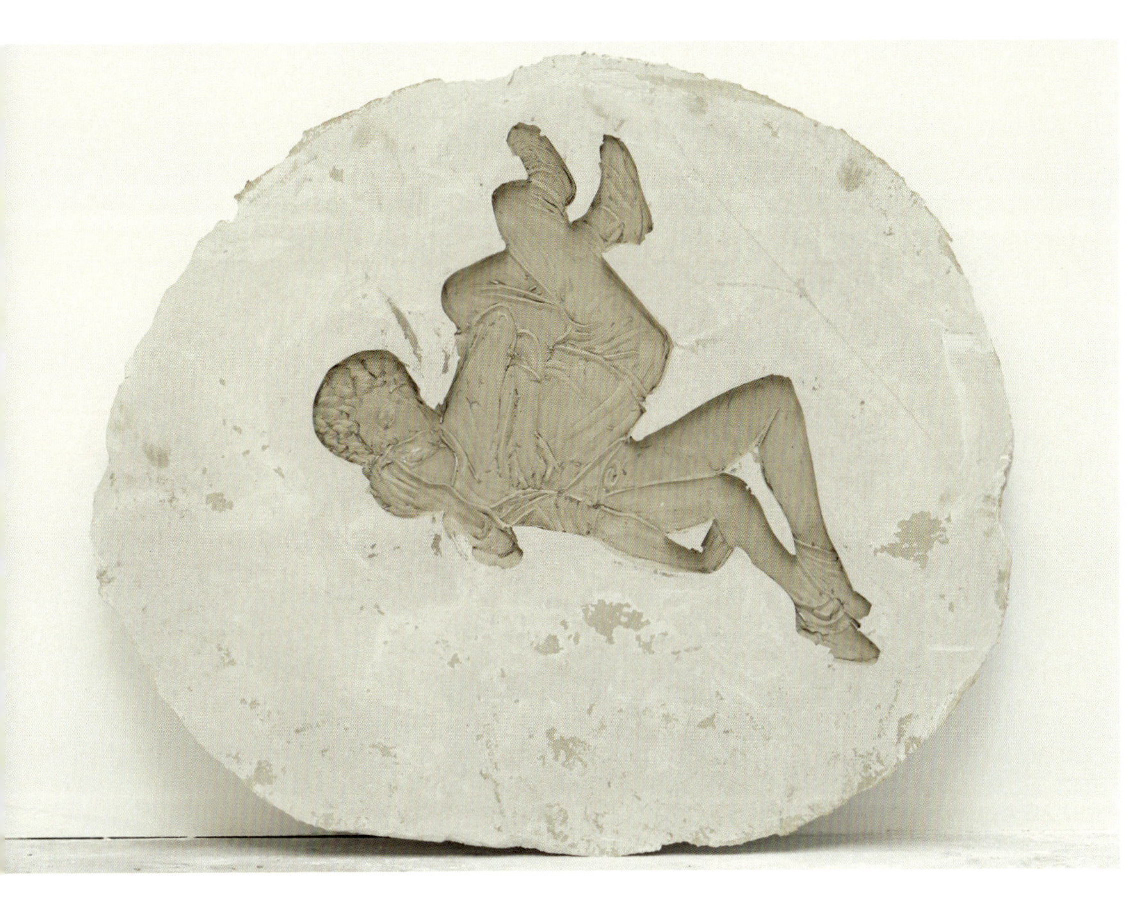

Study after FGT, 2020

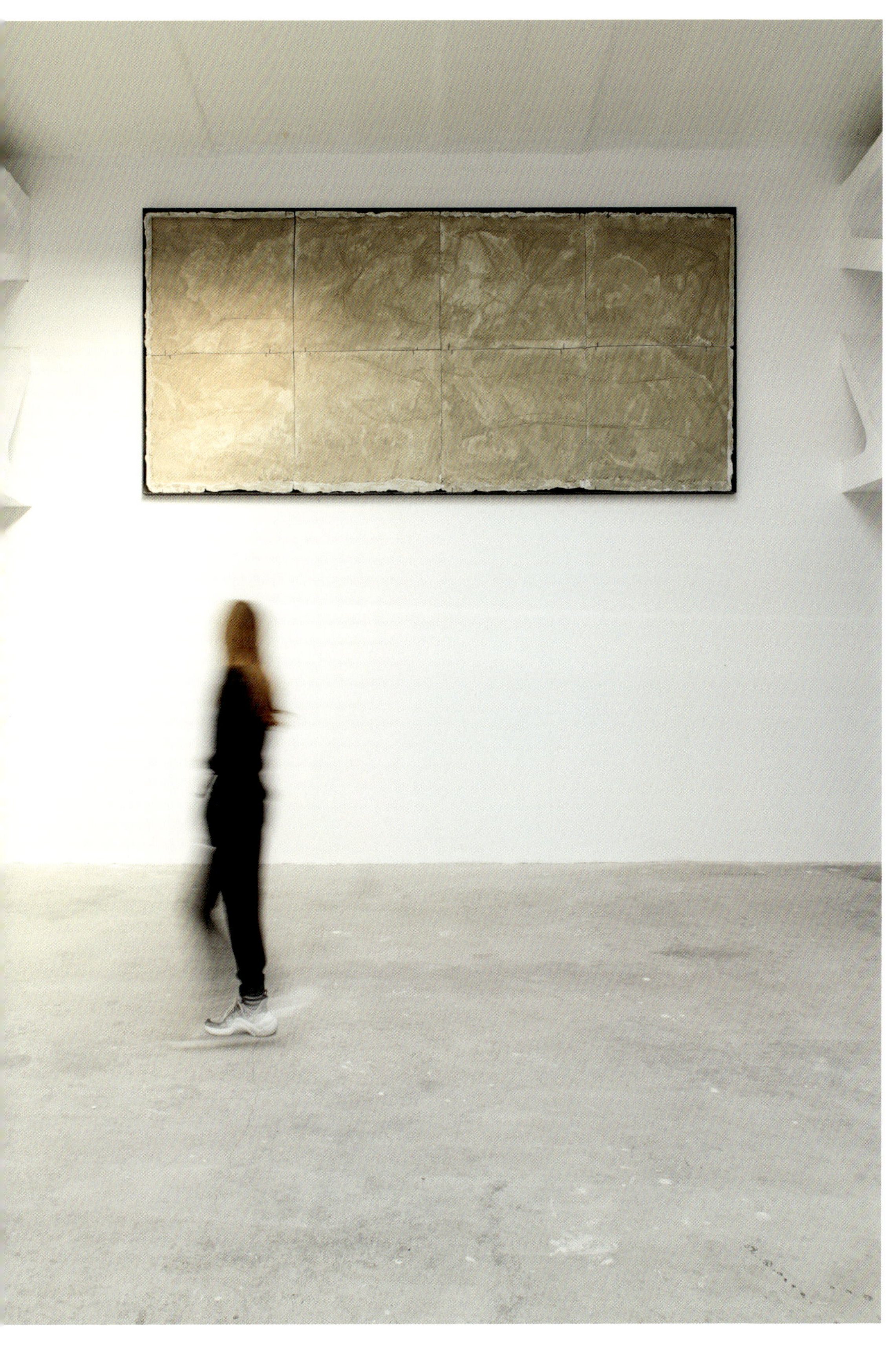

21 Tsubo-niwa (Study after AP), 2020

22 Studies after TS, 2019 Next spread

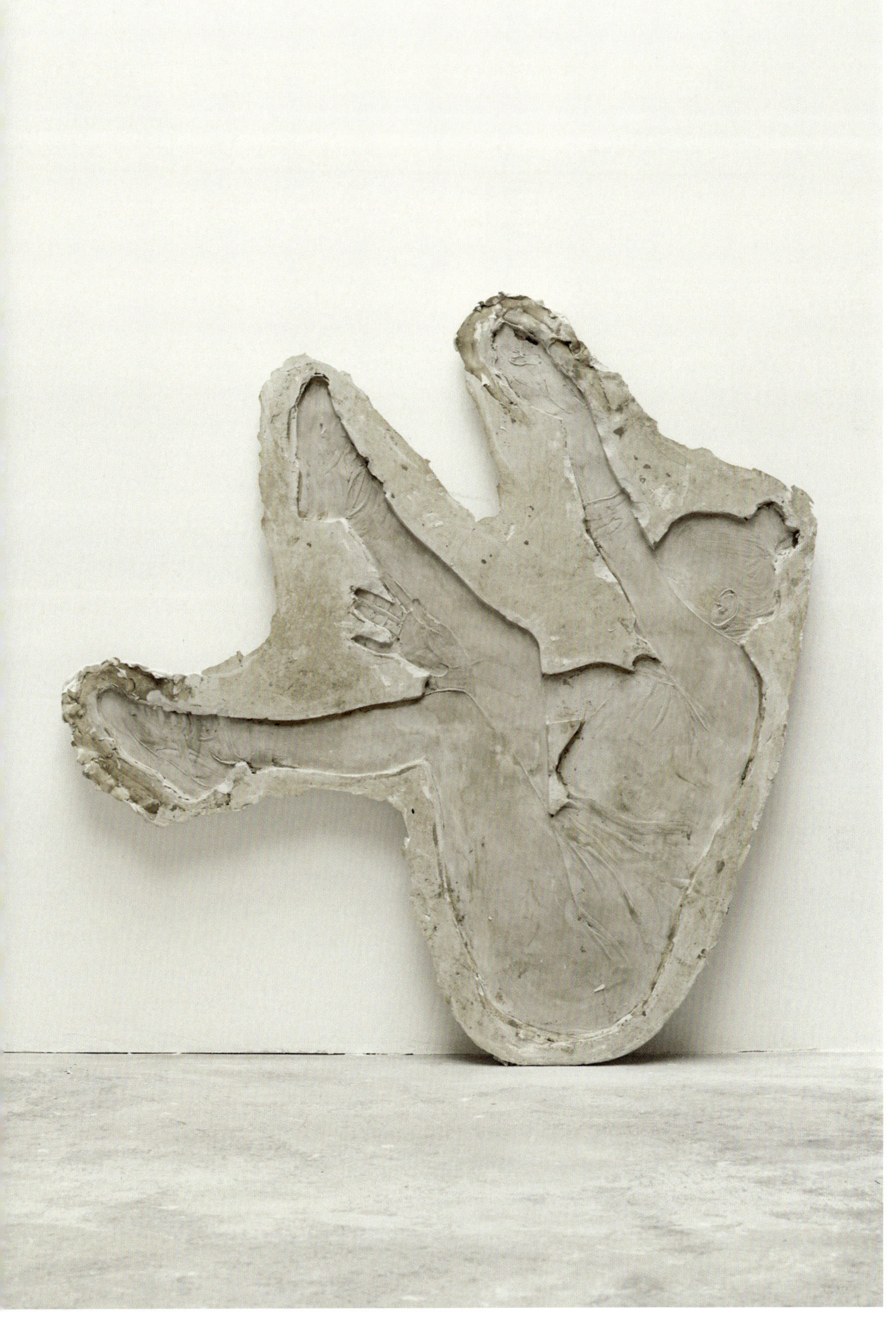

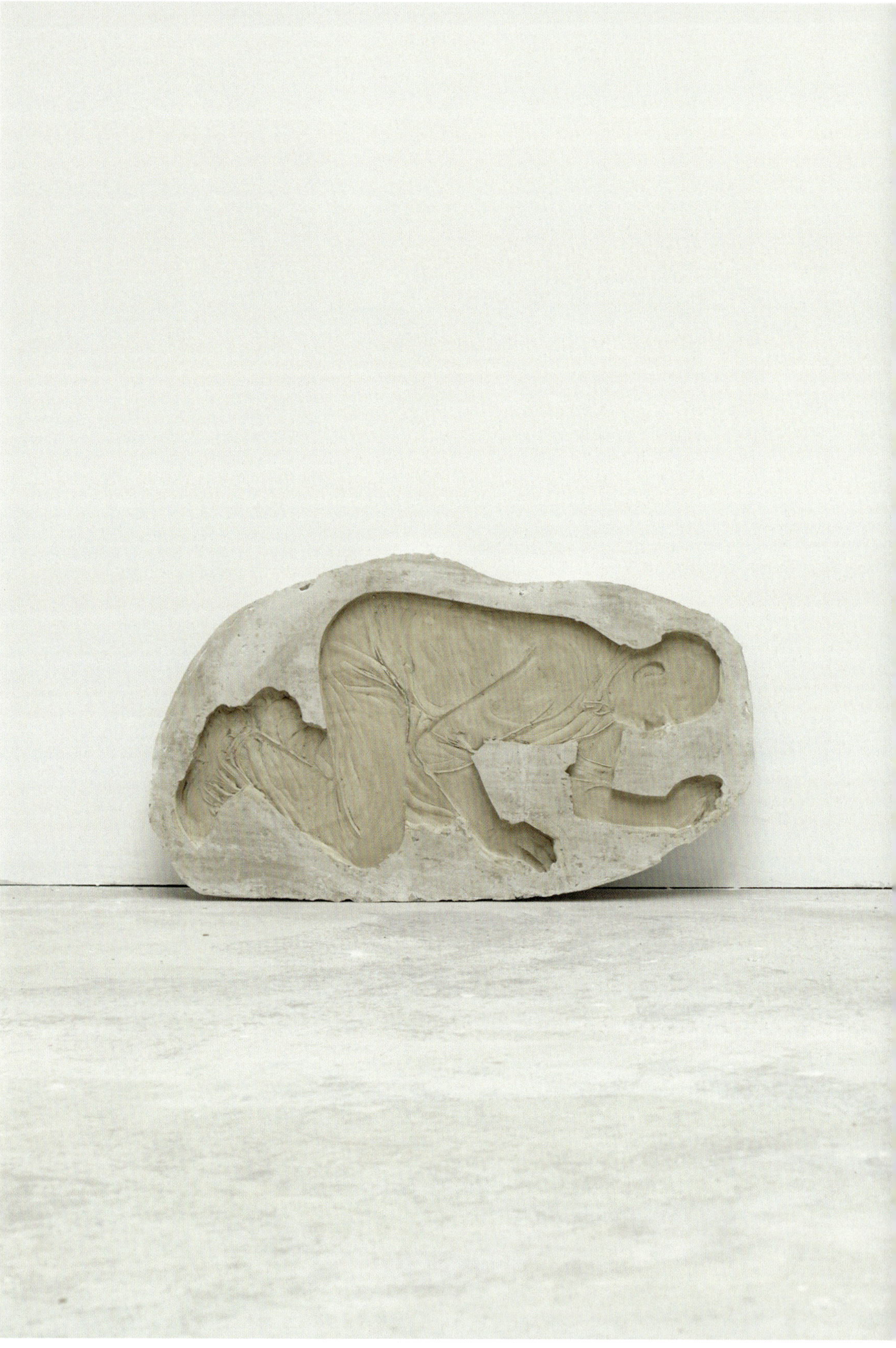

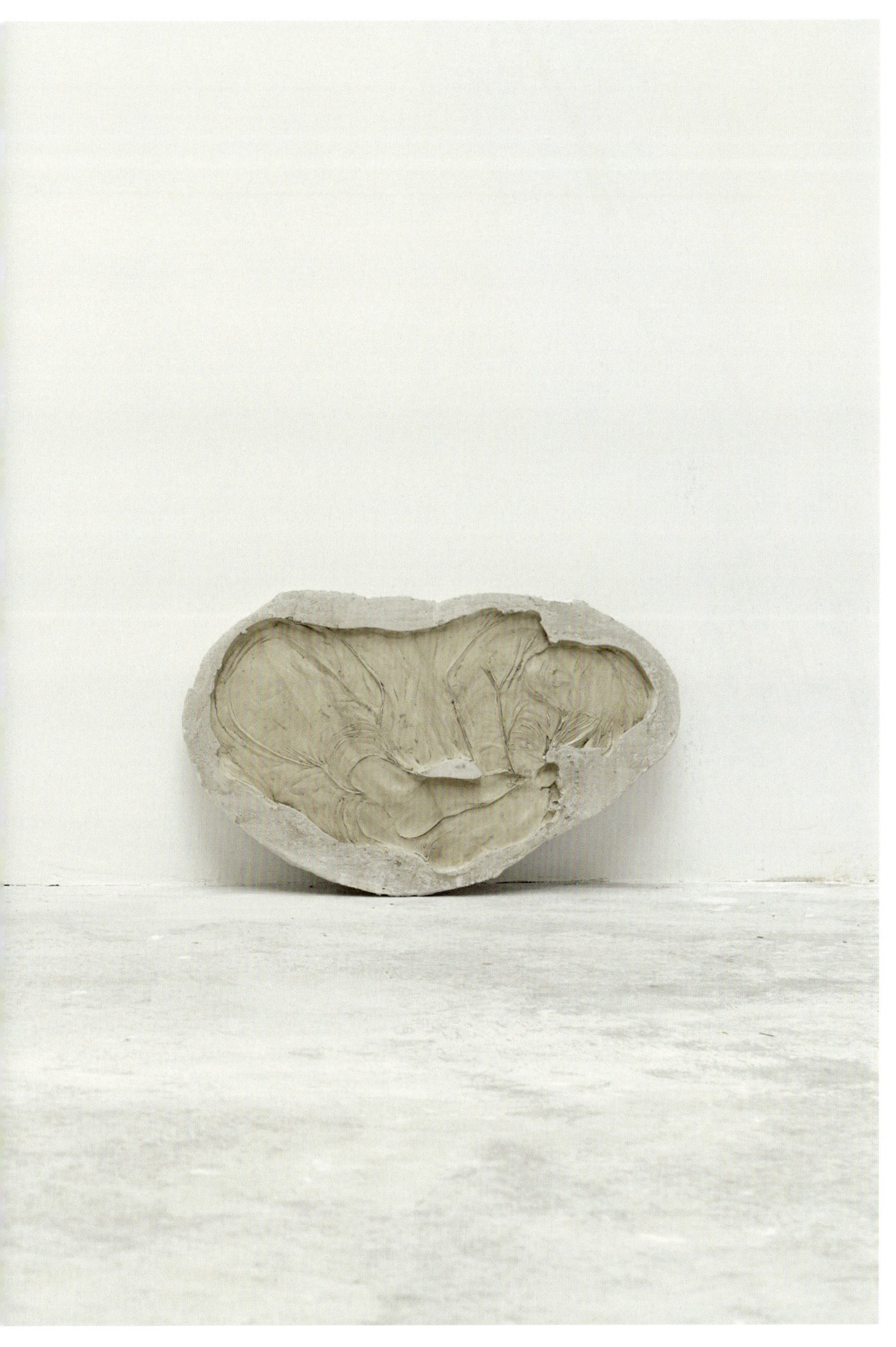

23 Study after GLB, 2019

24 Study after RG, 2020 Next spread

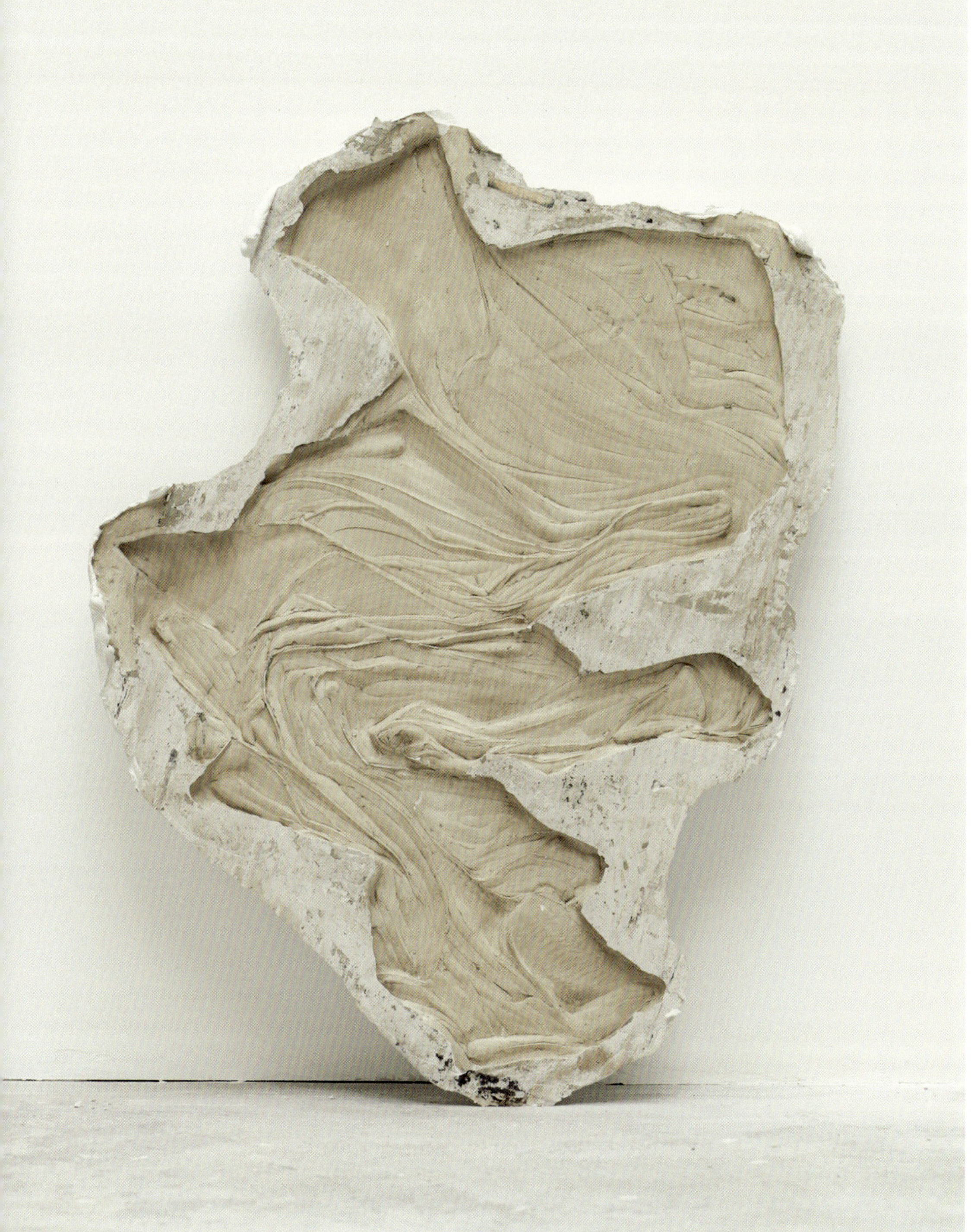

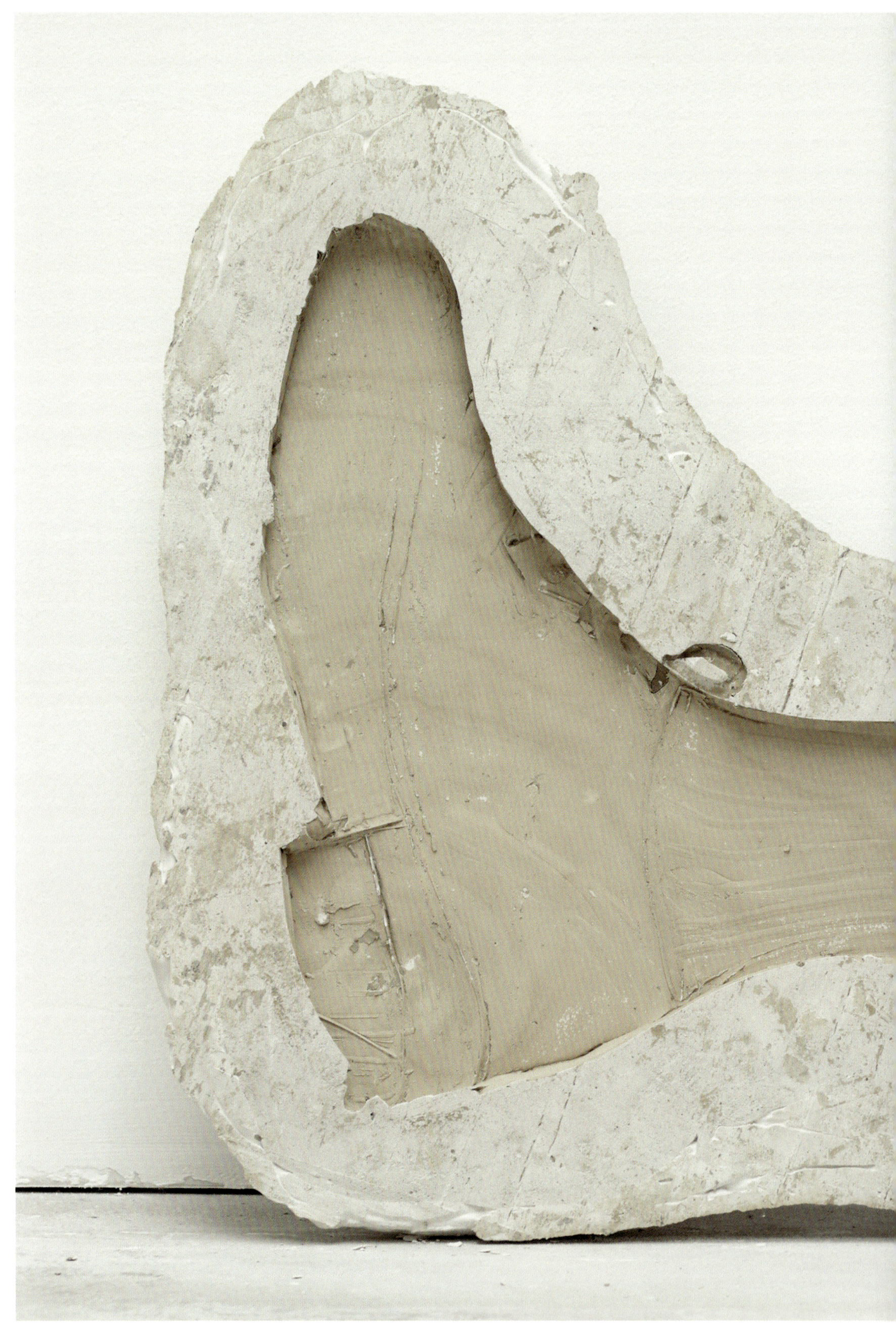

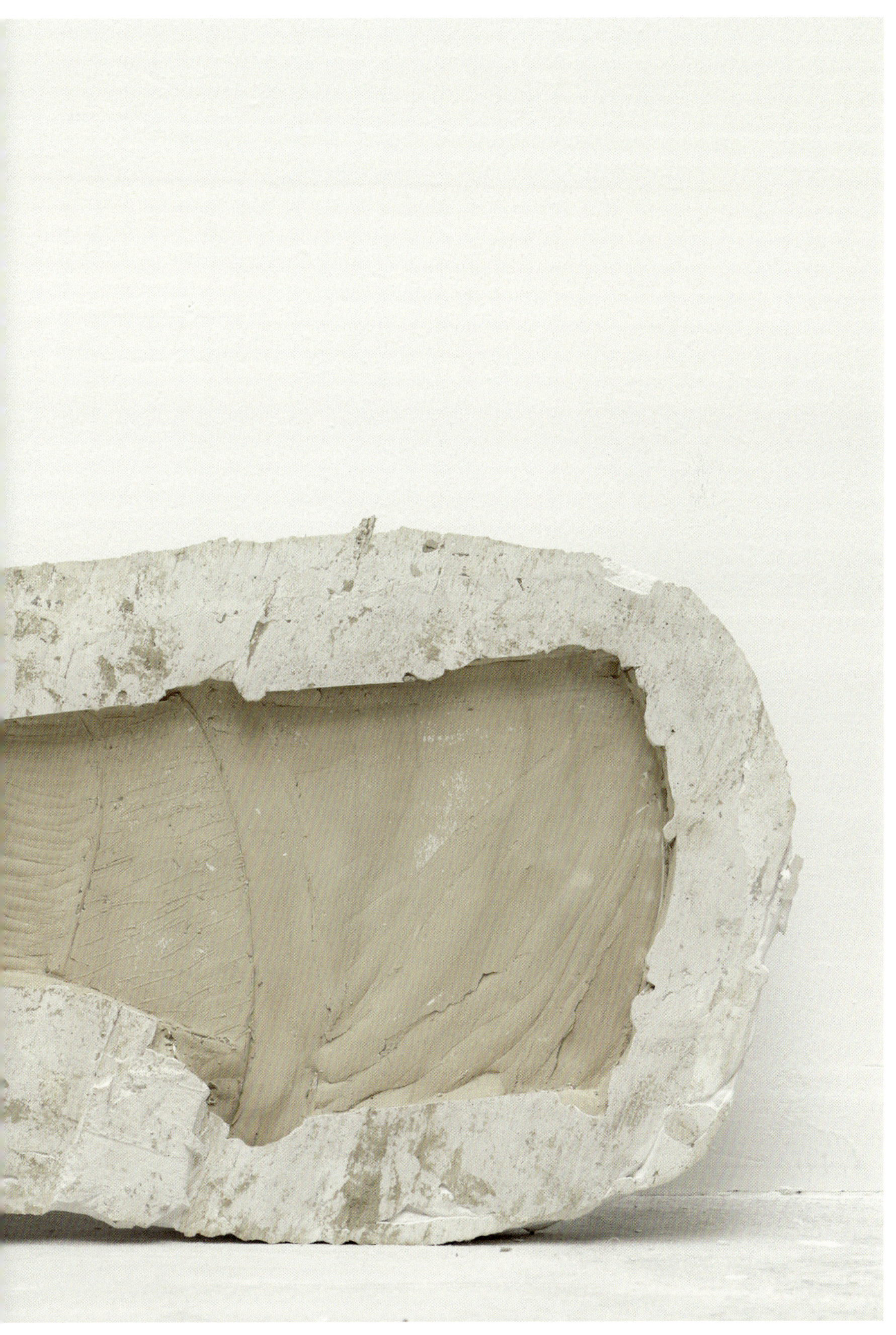

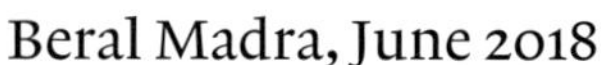

Beral Madra, June 2018

Two cities in Romania, Bucharest and Timişoara, are hosting Bogdan Raţa's sculptural installations. In one of the crowded squares of Bucharest, a naked man as seen from the back and as white as a ghost seems to decide to walk away from the city through the gloomy waters of the Dâmboviţa canal towards a new horizon. This work "The Crossing" is presented in 8th Bucharest Biennale. On one of the bridges of Timişoara a treacherously wrestling or cuddling couple, rendered again as a flat sculpture, occupy the pavement as if desperately asking the attention of the onlooker's. In another square of this historical city, which has a recently discovered Ottoman Mosque ruin, one can see after sundown a giant size figure lying motionless on the pavement. All these works are presented by Calina Foundation curated by Razvan Ion, under the title "Perspective Shift".
Reflecting on the public space historical monuments or Early Modernist abstract sculpture tradition of these cities, let us remember Rosalind Krauss: "We know very well what sculpture is. And one of the things we know is that it is a historically bounded category and not a universal one. As is true of any other convention, sculpture has its own internal logic, its own set of rules, which, though they can be applied to a variety of

situations, are not themselves open to very much change. The logic of sculpture, it would seem, is inseparable from the logic of the monument." (1) Bogdan Rața's intriguing public space works should be evaluated as an intervention into this logic of monument. Indeed, with their challenging intention and unusual aesthetic of anonymous identity, simplicity and flatness, they are an expected extension of today's relational aesthetic discourse of contemporary art productions. The anonymous identity embraces the society as the actual and definite owner of the city, the genuine actor of today's political and economic order. Here I am indicating the city as described by Saskia Sassen: "The large complex city, especially if global, is a new frontier zone...These cities, whether in the global north or south have become a strategic frontier zone for global corporate capital... But these cities have also become a strategic frontier zone for those who lack power, those who are disadvantaged, out- siders, discriminated minorities. The disadvantaged and excluded can gain presence in such cities, presence vis-à-vis power and presence vis-à-vis each other... These are new hybrid bases from which to act, spaces where the powerless can make history even when they do not get empowered." (2)

1 Rosalind Krauss, Sculpture in the Expanded Field October, Vol. 8. (Spring, 1979), pp. 30-44
2 http://saskiasassen.com/PDFs/publications/The-city-todays-frontier-zone.pdf

Bogdan Raţa's approach similarly opens another possibility of perception towards the traditional sculpture loaded Bucharest and Timişoara. Not only the parks and public squares but all-over the city the historical buildings are decorated with figures and heads which inspect the city and its inhabitants with eternal gaze. This cultural heritage is an epistemological process to keep the cultural heritage alive in the memory of the public. Bogdan Raţa's public space intervention appears in the domain of this traditional perception and hearsays the necessity of crucial change. The flat and semi-transparent and light-source sculptures are the metaphors of the new language of visual culture and visual language.

The simplicity of the sculptures, which are handmade with natural and synthetic materials consist of their flatness, which is not only a form and method Raţa is preferring, but also using as an instrument for challenging the conservative gaze of the public and leading it to inevitable new ways of perception. The flat figures mark a studied departure from the rigid poses that are standard in figurative representation in historical and Modern art. This peculiarly evanescent form is of particular interest, but also the rationale, which initiates a visual transition, is also an aesthetic revolt. Bogdan Rața advocates that the necessity in today's critical thinking generates an impulse to represent human potential as a perceptive tool; and the result is a figurative enunciation that symbolized the psychological presence of the public. These flat bodies, especially the one on the river, can be seen as a spiritual exit, rather than a rigid source. The body eventually reflects the state of the mind, and these bodies coincide with the mental state of today's digital- community. The mirrored image of a piece on the front window of the gallery supported the aim of Bogdan Rața to create reflective spaces that the viewer could look into it and into itself.*

Rața's gallery installation consists of another series of flat sculptures, a video screened floor figure of a possibly sleeping woman and male figures inserted into the wall. All these figures have distorted perspectives, rather reminiscent of Mantegna's Christ, which was also an image of radical transition in his epoch.

There are several thought-provoking properties related to all these sculptures. The essential one is the body with its unusual flatness and semi-transparency, which is presented as a peculiar intermediary between the material world and the spirit. The other is the body inserted into the wall,

* Fragment published in Revista-Arta # 42-43 / 2020, p.22

to break the rigidity of the gallery and give an extensive perspective. The third issue is Raţa's intention to empower the perception of the viewer, which he believes embodied in the physical form he is creating. The fourth element is his dedication and relation to the history of sculpture and figurative image, in spite of the daring rendering of the figures.

The digital figures on the ground, both in the gallery and in the public square are apparently ephemeral, which leave awareness about the digital images that today's aesthetic phenomenon is perceivable but not tangible. Here perception is a facilitator to understand the difference between the painting and digital image. The digital image of body is in fact a dominant tool in science and technology encouraged by scientists for research, health and future explorations. Bogdan Raţa's way of art making enters into this domain with speculative aesthetics, circumvents the traditional ways of image making by applying science and technology.

The history of sculpture is a map of this transaction from Prehistory to today, obtaining new concepts, techniques and aesthetics, always illustrating the Zeitgeist and the human mentality and perception, which are embodied in the material form. Throughout 20th century figurative sculptures have contributed in a successive interchange to human identity in art. The complex and enigmatic transaction between the human body and the physical world has been the reason of the emergence of sculpture.

Since Modernism we have seen through the art works the diseased body, the heroic body, the abject body, the body-as-machine and digital-body. Today's socio-political and economic discourse sets Body Politics as a key force for human rights and covers a broad range of gender issues, including fundamentalism, feminism, sexualities and the effect of new technologies to the perception of the society. This passionate and engaging series of sculptures, using the methods of targeting the attentiveness and perception of the viewer, reveal how this discourse can surface in the public arena as critical argument and resistance.

One of the breaking points in the depiction of human figure are Alberto Giacometti's wire figures indicating the skeleton of the body, but also shaped with touches of skin. His way of rendering the existence of the body is interpreted as the influence of World War II, the destroyed landscape of Europe and the emergence of Existentialism. The other Post-war sculpture Edward Kienholz intended to break down the traditional zone between art and the viewer. He has created physically and emotionally effective life-size environments with material assembled from yard sales and flea markets. Duane Hanson, influenced by the work Edward Kienholz and associated with Verism School of Art has created super-realist fiberglass and vinyl figures. His brutal and violent sculptures provoked the sensitivity of the viewer. These realist sculptural installations targeted the perception of the American society, to make them aware of socio-political-economic corruption, hypocrisy, and oppressions. Bogdan Rața's intention has undoubtedly retrospective references in encoding and perpetuating propositions for the agency of the image, but the way he is rendering the human figure is not as candidly instrumental as the above-mentioned sculptures. He trails the contemporary configuration of representation, which is the product of an interconnecting sequence of expanded ideological, conceptual and sensory context. He targets the limits of today's split sensibility and all-purpose perception and offers an intermediary and transient approach rather than static and resistant towards the interpretation of the sculpture.

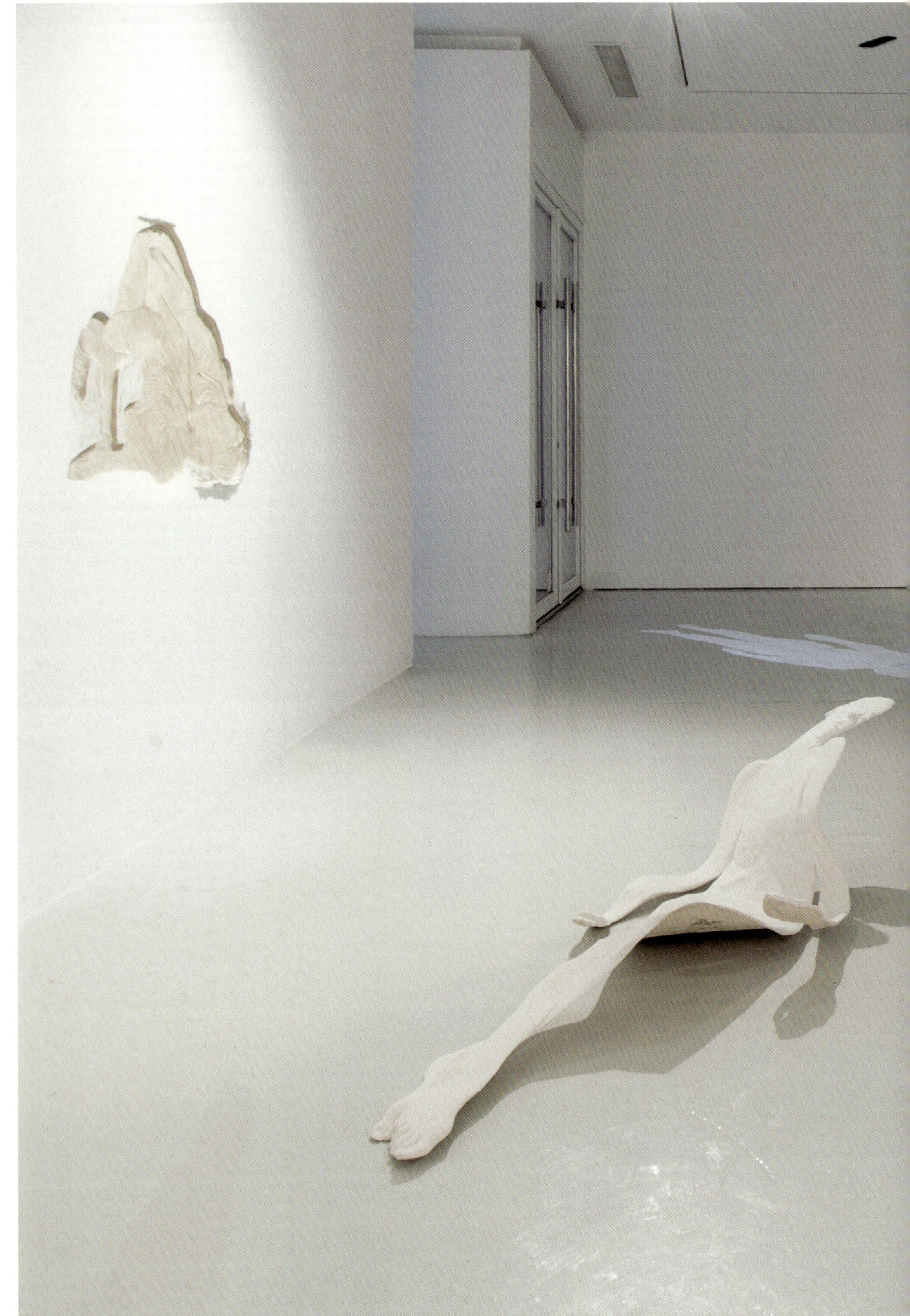

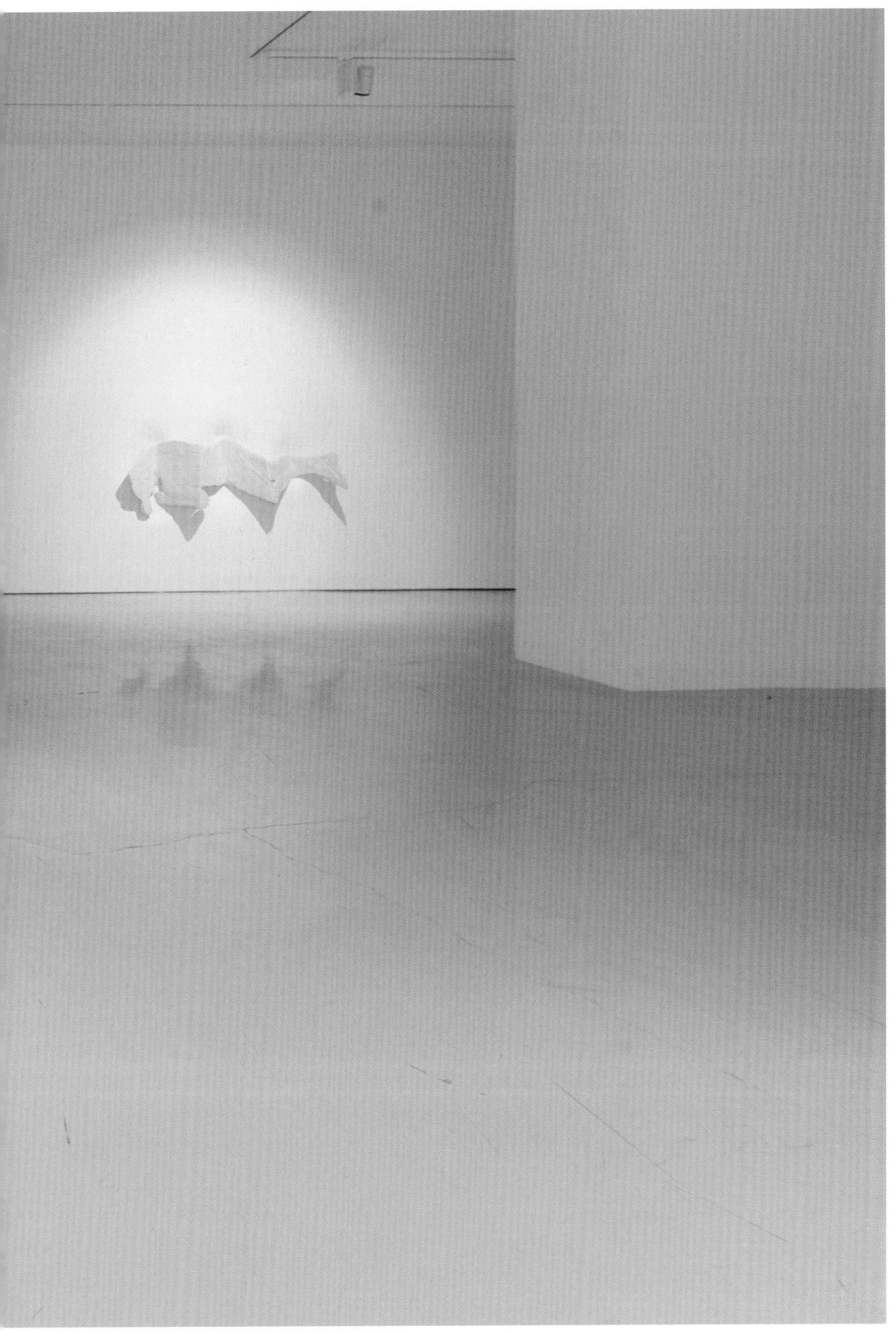

25 Perspective Shift, Calina Foundation, Timişoara, 2018 Previous spread

26 AB (Study after TS), 2018

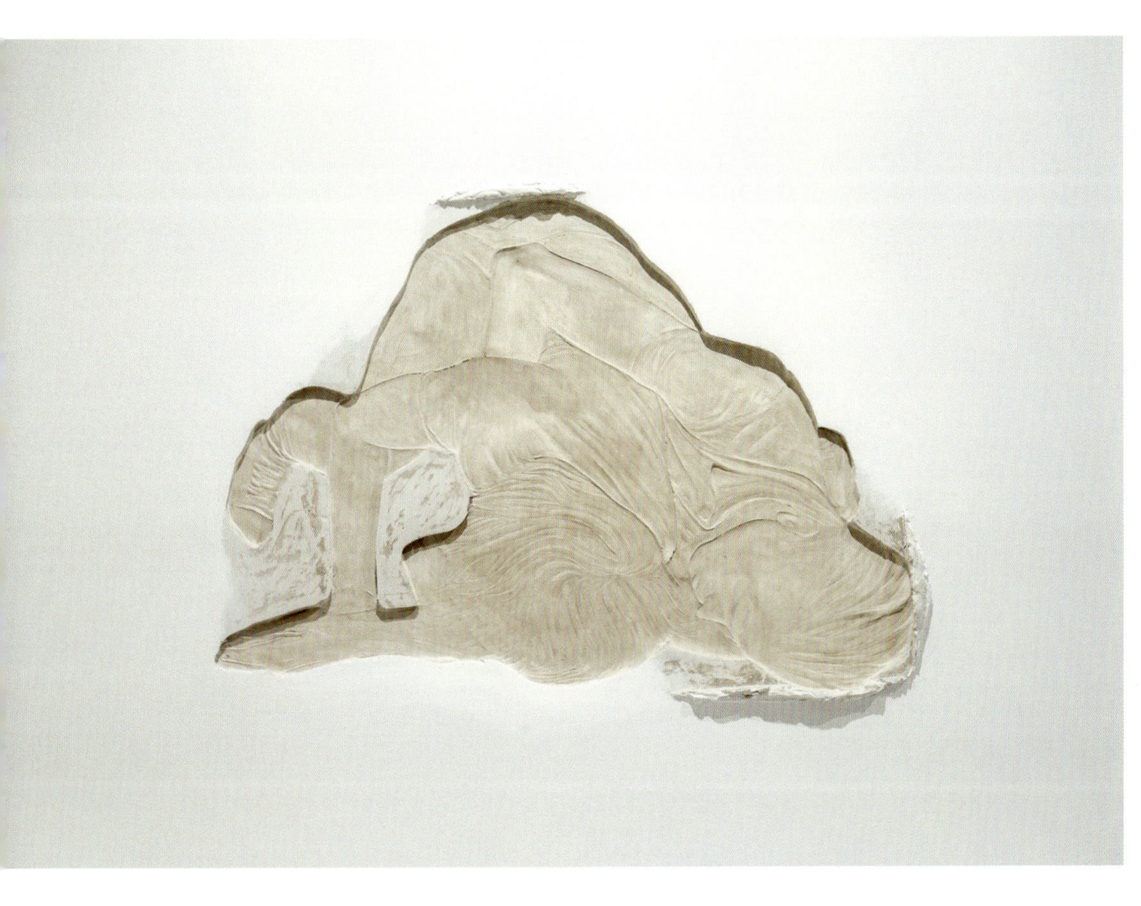

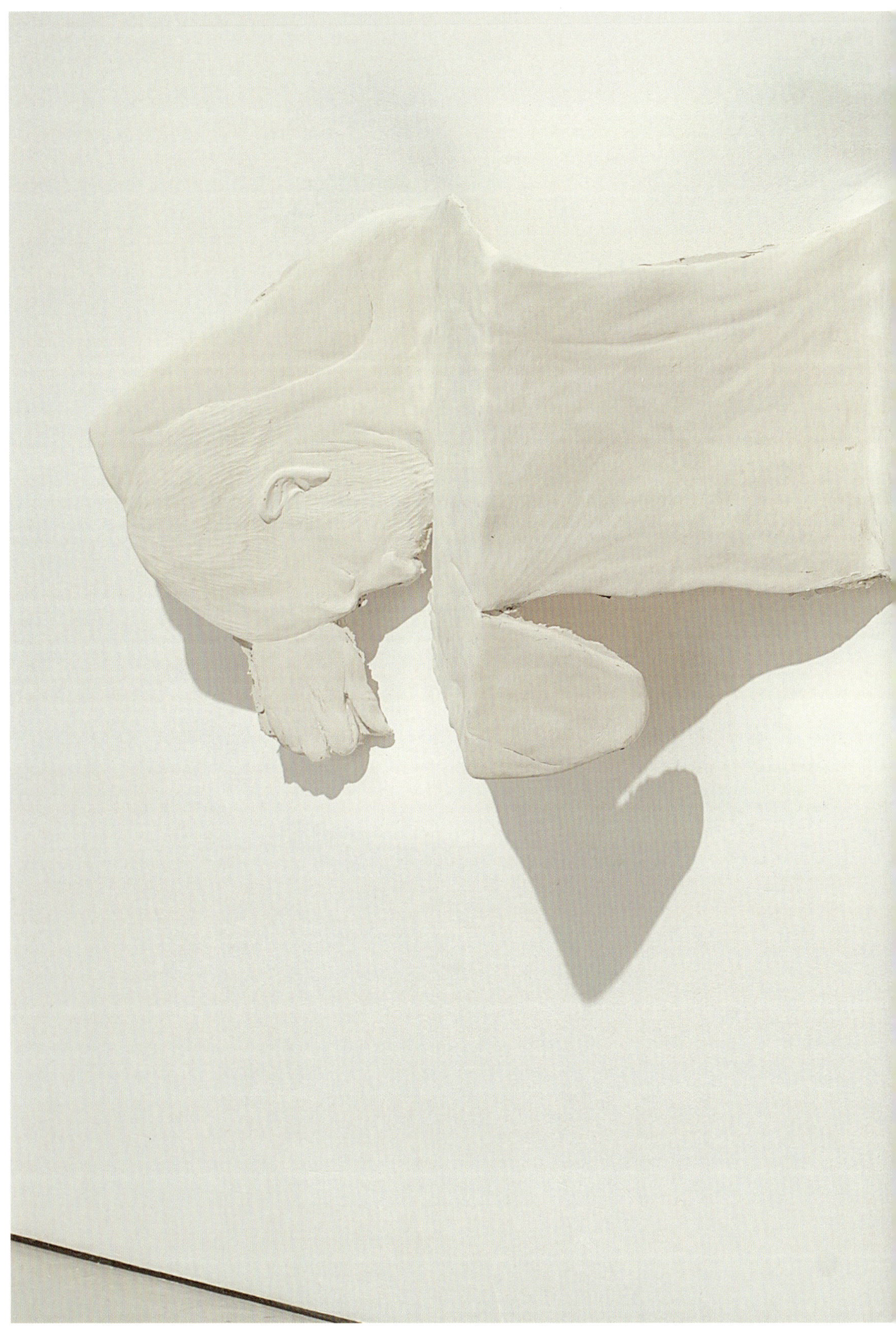

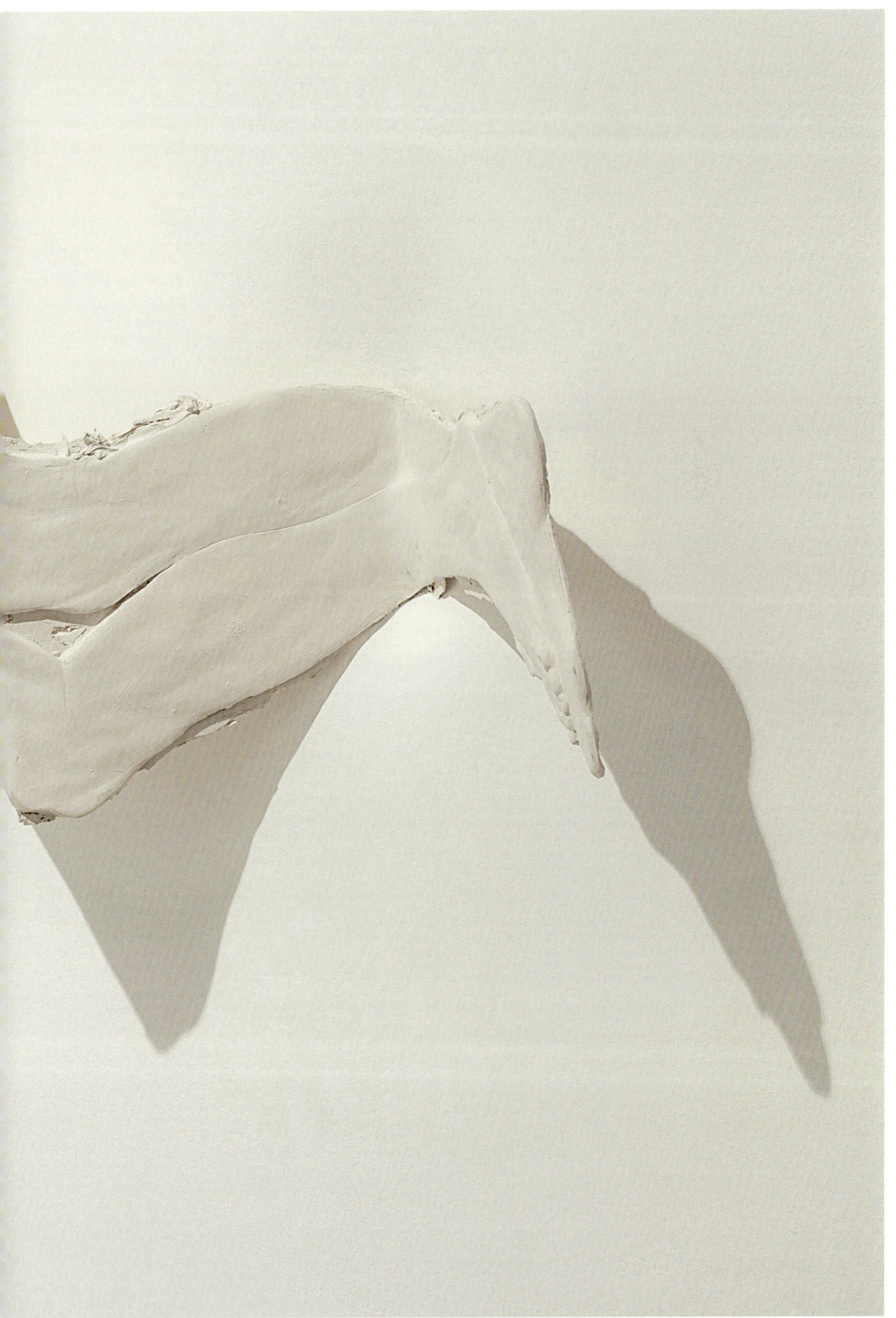

27 AA, 2018 Previous spread

28 Perspective Shift, Calina Foundation, Timişoara, 2018

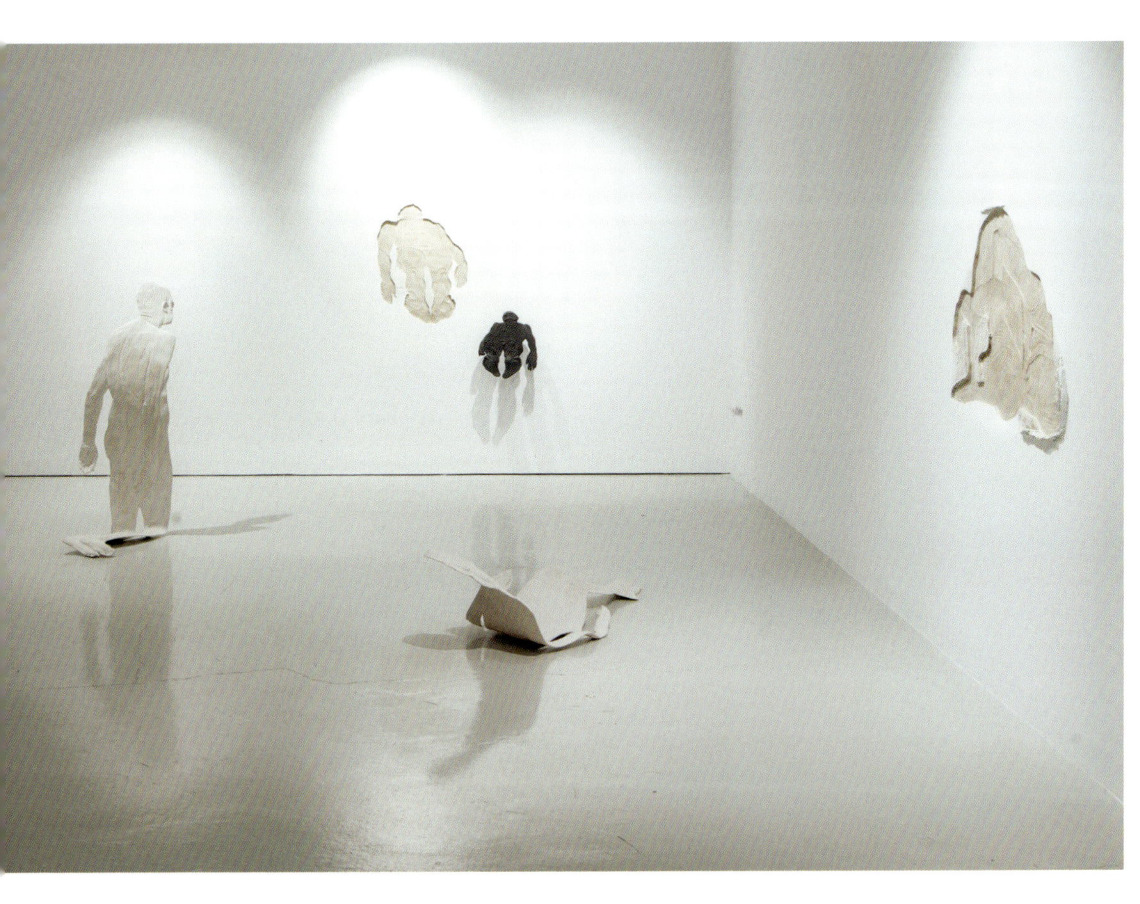

29 Untitled 1, 2016

30 M, Perspective Shift, Timişoara, 2018 Next spread

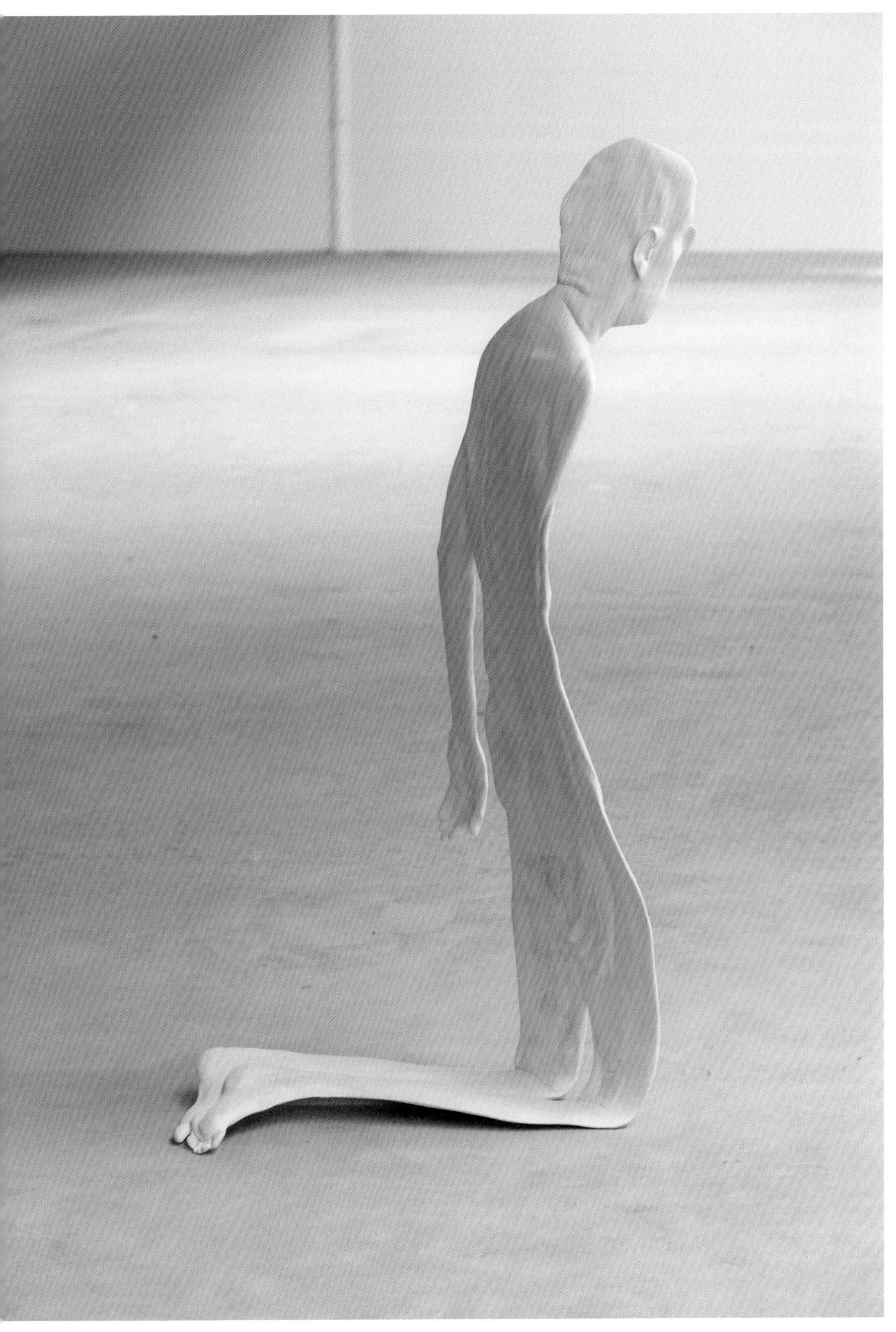

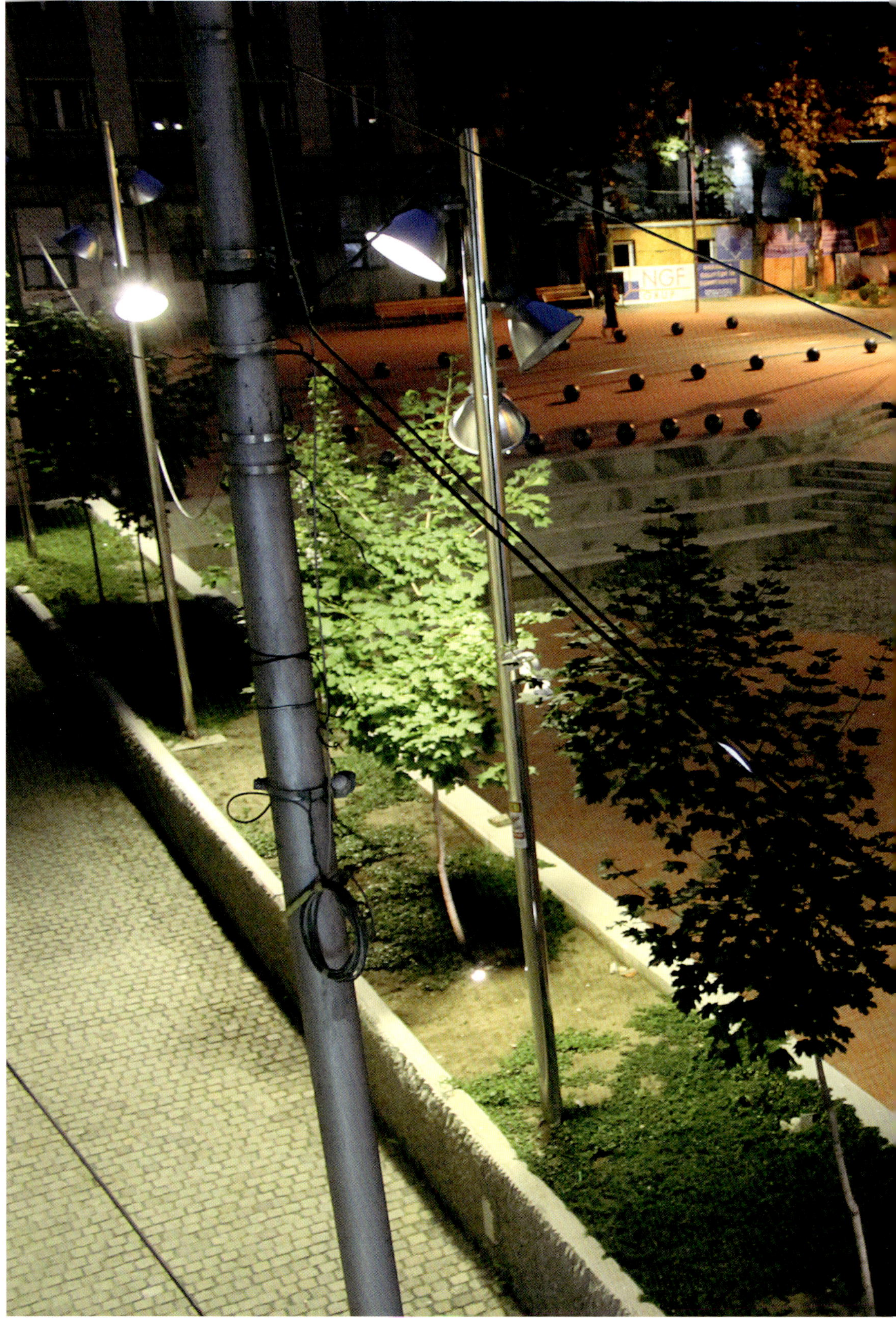
NGF

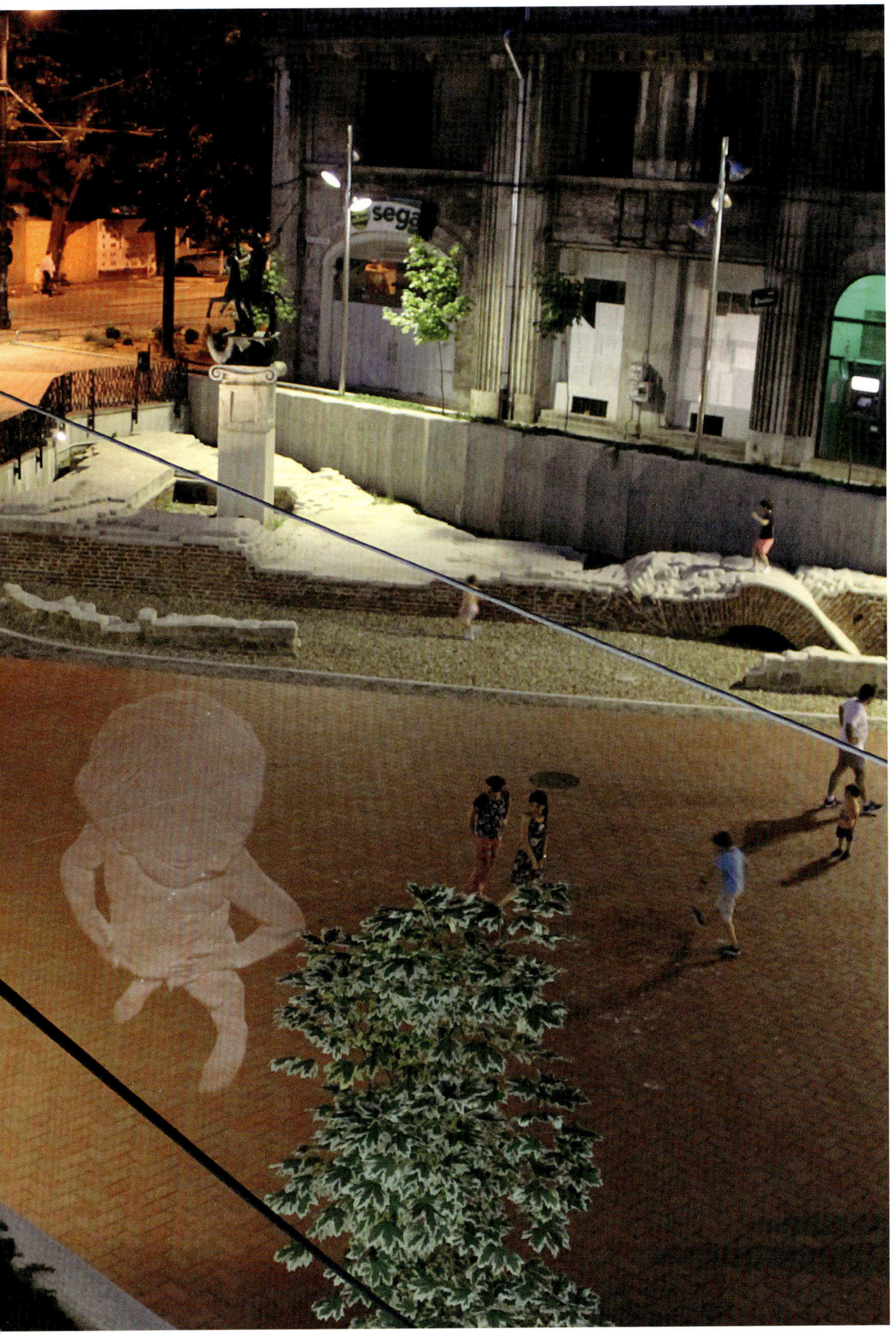
sega

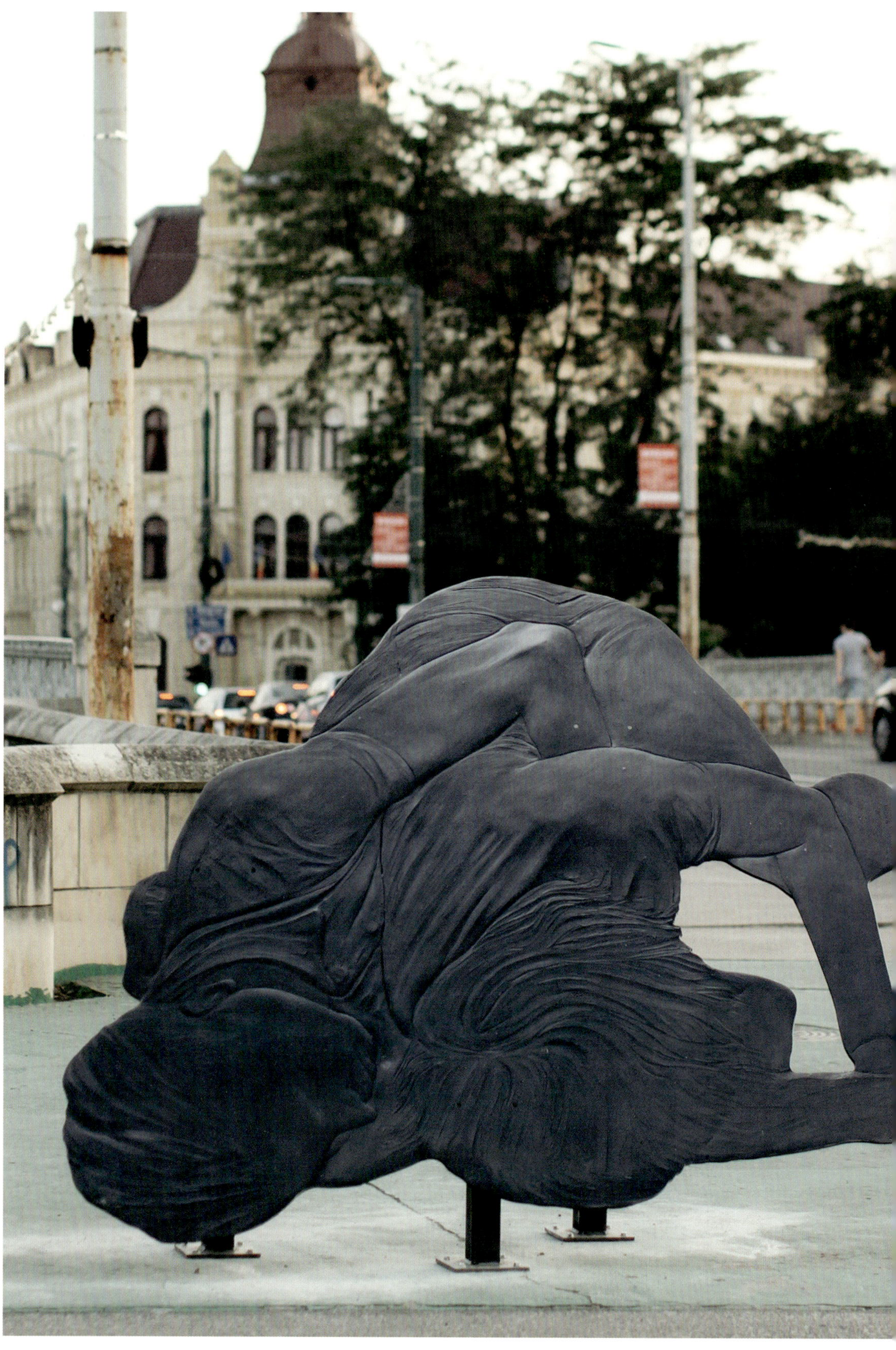

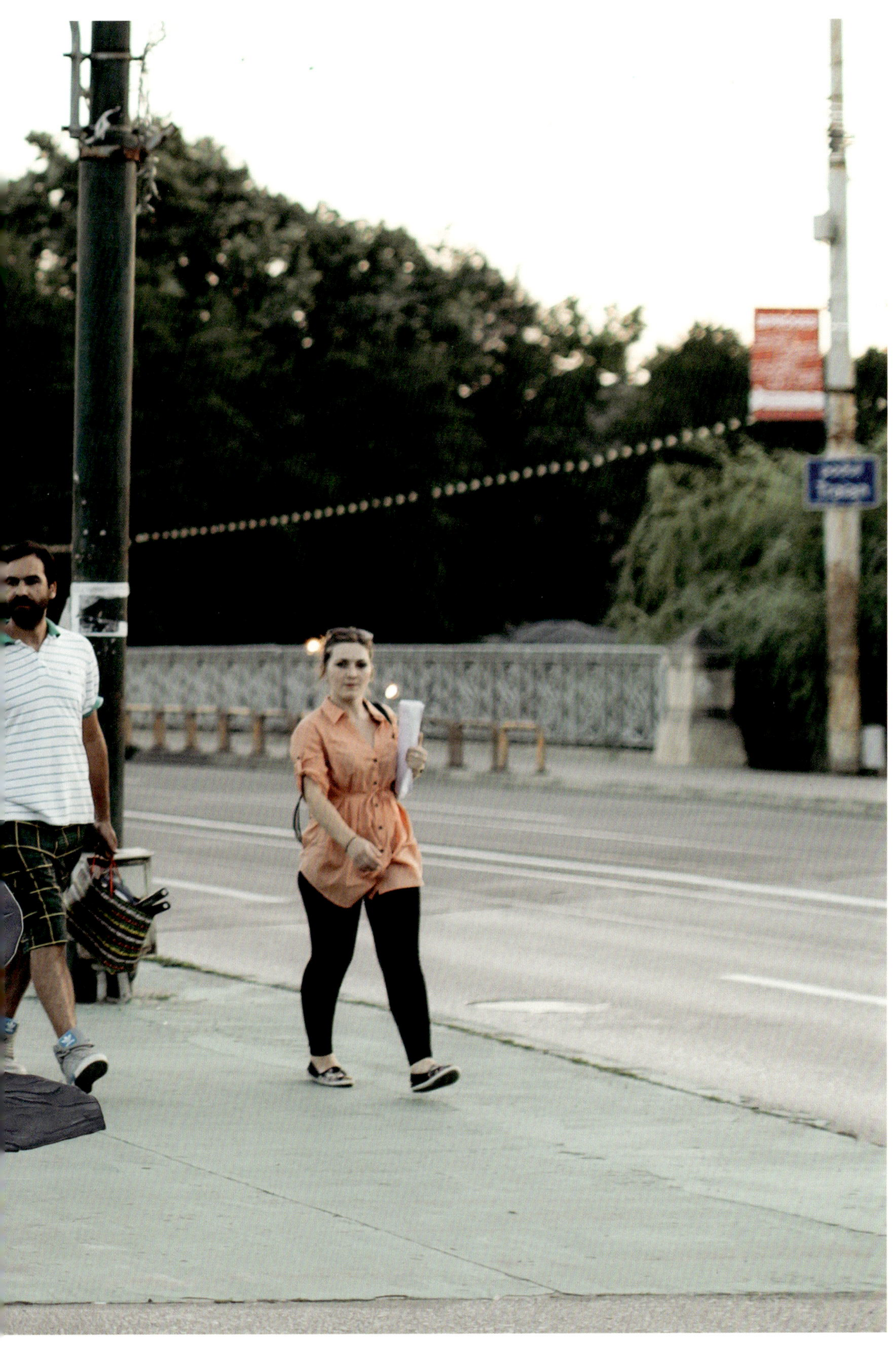

31 Study after TS, Perspective Shift, Timişoara, 2018 Previous spread

32 The Crossing, 8th Bucharest Biennale, Bucharest, 2018

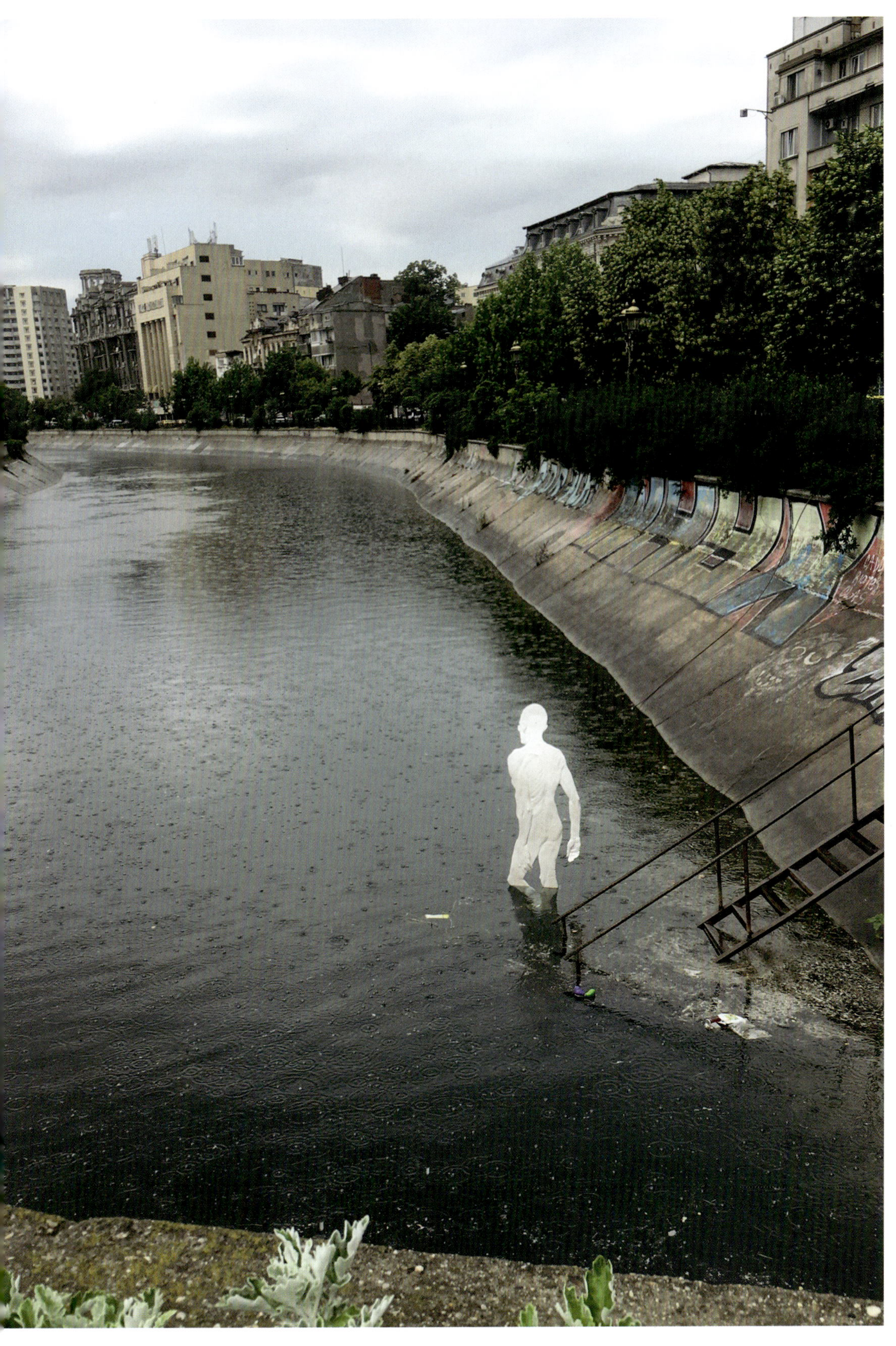

The Transition from Volume to Light with All its Stages
Alina Cristescu / Bogdan Rața

AC: In 2008, I proposed to sculptor Bogdan Rața a personal exhibition at Calina Foundation, then a much smaller place than Kunsthalle Bega, a white cube. Bogdan can be intimidating. He speaks a little, but you can feel that he chooses the exact words, he moves with a certain economy, he transmits force. We didn't manage to collaborate at that time, but I followed his career. Discreet and very self-curated, oriented towards exercise, rigor and research. With a careful selection of his public appearances. I realized that he works and creates exactly how he lives and is perceived. There are no differences between Bogdan Rața the man, the person and Bogdan the artist, the sculptor. Applies / is guided by the same principles in art and in life.

BR: In the first years after my studies, I started to be fascinated by volume, presence, body, different states of the body. I was only interested in the presence of the sculpture, as you perceive it, the monumentality in its various states. Volume, body, color, space. Then I understood the importance of the image in sculpture, the way it can dislocate the space. I reduced the volume towards the image through fine reliefs moving in space, which carry the perception from three-dimensional to two-dimensional and vice versa, like a Möbius strip on which you cannot fix the two states of the same sculpture. These studies were on display in 2017 at Farideh Cadot, where the minimal space of the gallery allowed me to put these ideas into a clear shape and a year later in the "Perspective Shift" exibition at the Calina Foundation. Here I decided to work with the space of the gallery but also with the public one. A large mirror in the window reflected the exterior inside and vice versa. I relied on the fact that the works displayed in the public space could be mirrored by those displayed in the gallery. Thus, we placed two-dimensional contours in the city on which the three-dimensional image of the clay models of sculptures was plotted and in the gallery we inserted their plaster negatives into the walls. In this way, we have achieved a three-dimensional, unreal mirror and at different proportions. The gallery and the public space were working together.

AC: The transition from the intimate family-inspired subjects is transformed into a theoretical platform that takes over the subjects of recognized artists Roni Horn, Félix González-Torres, Rachel Whiteread, Tino Sehgal, Alexandra Pirici. The approach becomes theoretical, almost abstract.

BR: I have always been focused on the study of the current sculpture and on the way it can be taught, told, presented, perceived. I started to understand the sculpture through images, books, the Internet. It was only after I started to travel and see these works that I realized that their previously seen images were actually other states of those sculptures: the real works resonate for me better in tandem with these... my perception made a sum between the two creating a third state of the same form. Then I started to practice this exercise with my students, describing the same work in words and sculpture. For example, I shape a fine relief after a glass sculpture by Roni Horn, whose polished surface mimics the water. If I take a mold of gypsum after this relief, it works as a photo negative and translates the molded image in 3D. I instill it, and the positive created by water is closer to the artistic explanation and concept than if I were to describe it only in words. In the MNAC exhibition I present these studies on contemporary sculpture in the mirror; on the marble floor I place the gypsum negatives of the modeled images, and on the walls and ceiling I project their positives, transposed into light.

There are thus three different states of the same sculpture in one room. The positive of light, the gypsum negative, and the sculpture of the two, imagined only.

AC: The time where there are no differences between art and pedagogy is a substantial part of the teaching activity. „The students have never let me down.” Bogdan is inspired by his students. While guiding them to find their style, the approach he refines the teacher-student relationship. Involved in the art scene, interested in the exhibitions of other artists and his own, the museum theory, the contextualization of the contemporary artist, he tries and manages to change the system, the strategy, the tactics of the teacher-artist relationship.

BR: I have always considered that I work with students as you do with a psyhologist, they have the power to exorcise my ideas and thoughts about art. By debating with them the ideas that concern me, I come to a different understanding of the art But there are concepts that only the artist can transmit, explains. Based on these, I invited artists to speak to students about their practice, to initiate a dialog. The first were Gorzo and Anetta Mona Chişa in 2016. One year later, together with Liviana Dan and Alina Cristescu, we set out to start an educational program for students and the public of the Calina Foundation. We called it ARTISTHETEACHER. A game of welded words in which both art and artist become teachers. Artists who practice and work in different environments supported the workshops or dialogs, debates with the students or the public. Mihai Zgondoiu crossed with the monumental work "Lenin's Sleep" showcase of the gallery, Anetta talked to them about food and food in recent art and cooked together, the students cast in bronze Lenin's equestrian sculpture by Anca Benera. It was an exercise from which we all learned. Then I realized that for me, my pedagogy and sculpture / workshop practice live in symbiosis, they are no longer divisible.

AC: Bogdan Raţa is very interested in the technical accuracy of the sculpture. He doesn't easily accept that this interest leads him to the fantasy of conceptualism, the most consistent transaction in his work. The switch from volume to light, the switch to conceptualism seems to be made in layers. In fact, the light breaks the volume from the intimate family environment to the museum or gallery space.

BR: I keep my practice as simple and sincere as possible: I model the ground, take photos, project; plaster lathe. In fact, the plaster molding is a three-dimensional mirror. At the beginning we worked in synthetic materials, polymers, polyesters, industrial paints. In time there was a kind of purification, a cleansing of my practice. Now I pour my works into the light, I design them. It is a sincere pure primary matter. It's not just a photo. It's a sculpture. Brâncuşi and Giacometti were the first to realize the power of the light as matter. Brâncuşi was convinced that the full volume and a perfect polishing allow the sculpture to spread the light around it as if it were springing from inside the form. He photographed his own works to emphasize this. Giacometti let the space erode towards the middle of the sculpture and dissolved the contours of his silhouettes in him, in the light. The light thus became the matter of sculpture.

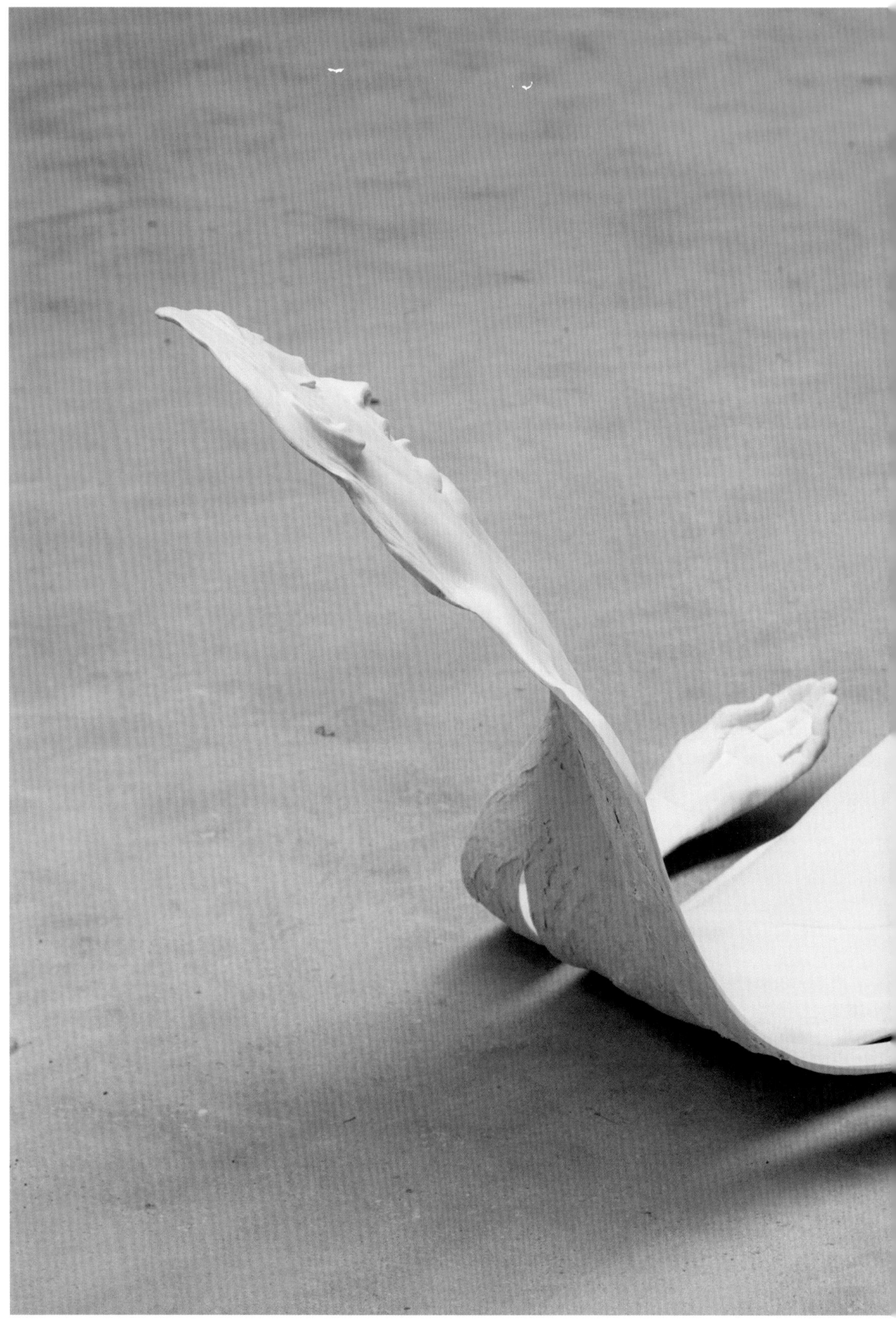

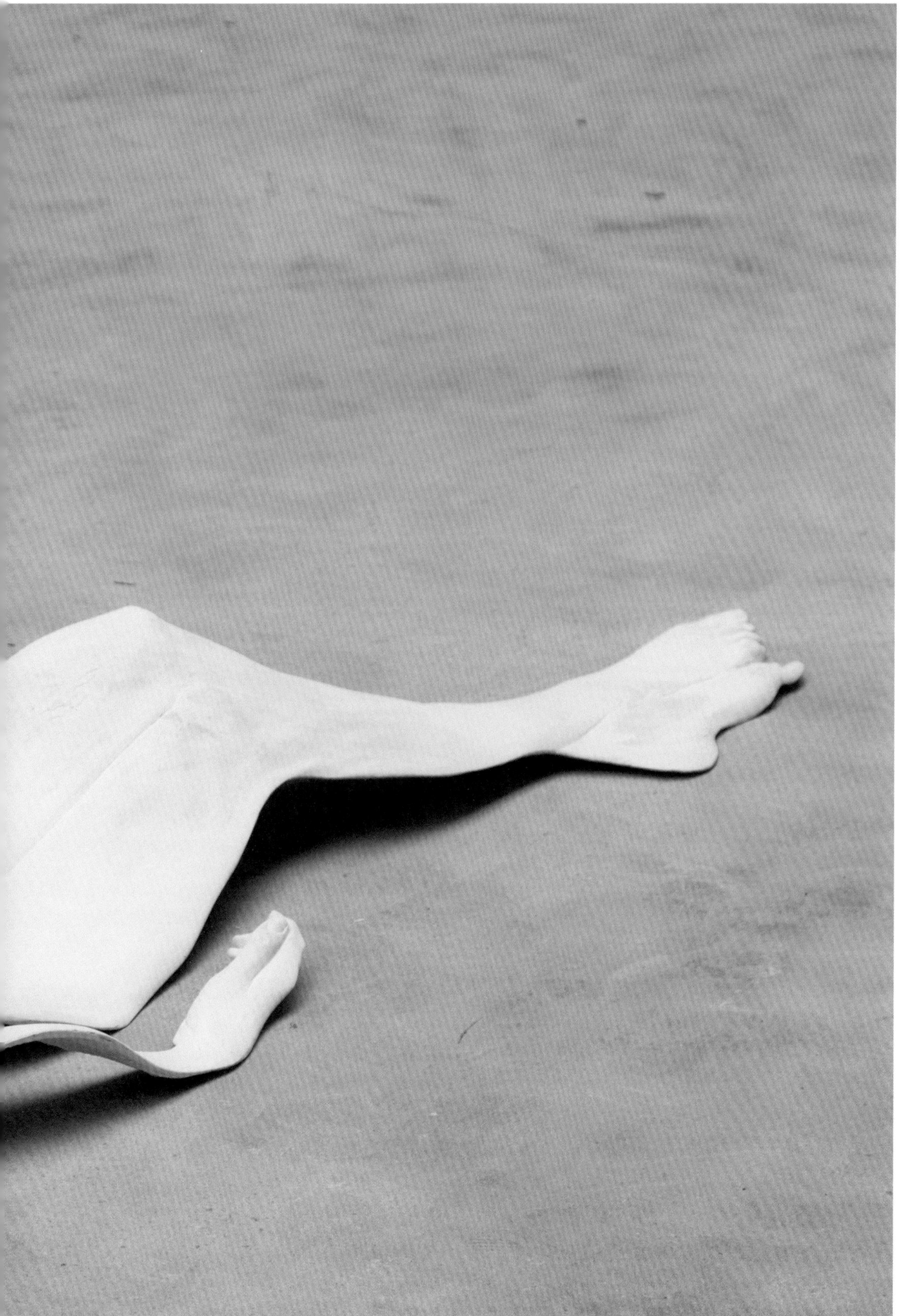

33 Untitled 2, 2016 Previous spread

34 Untitled 4, 2017

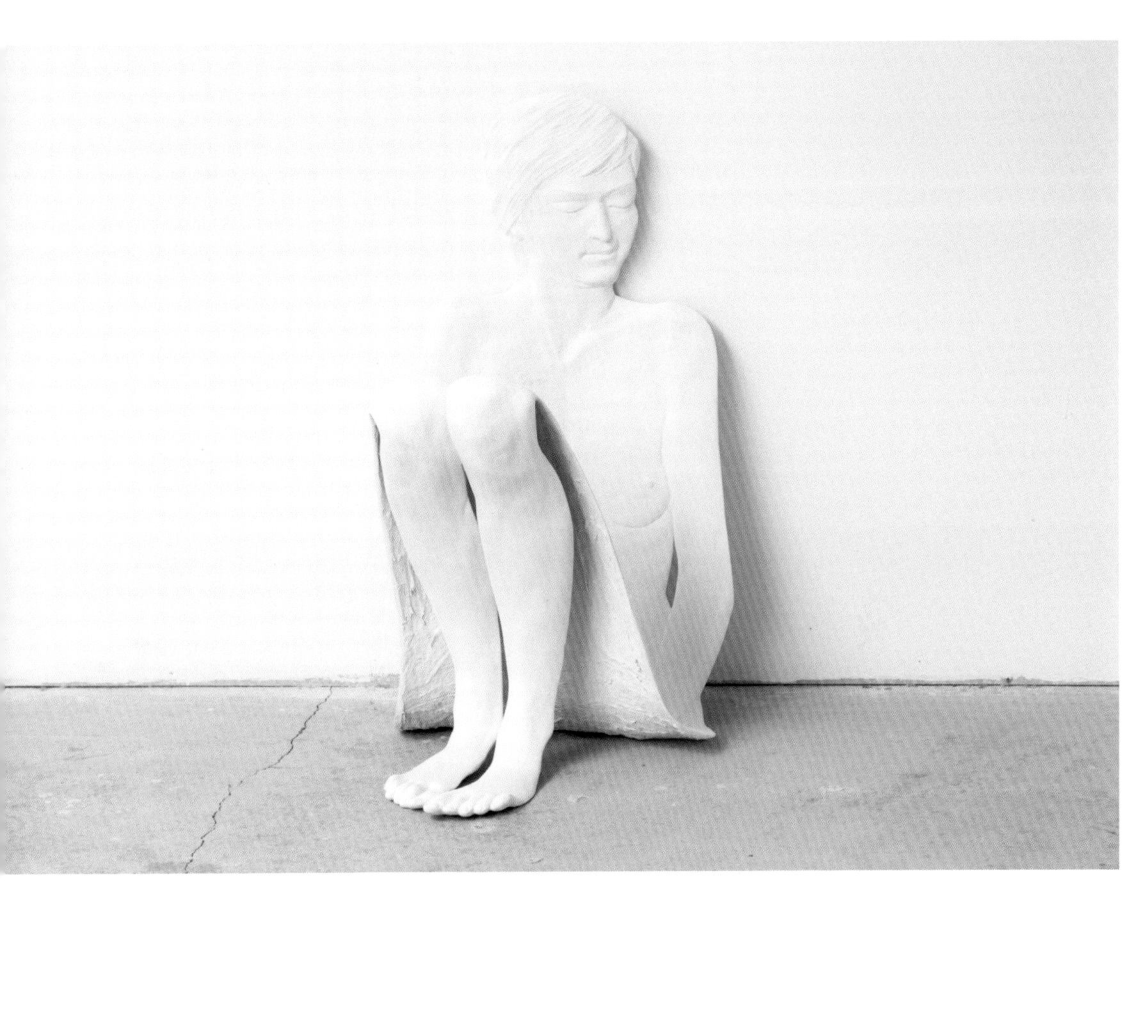

35 Untitled 5 (Madoana), 2017

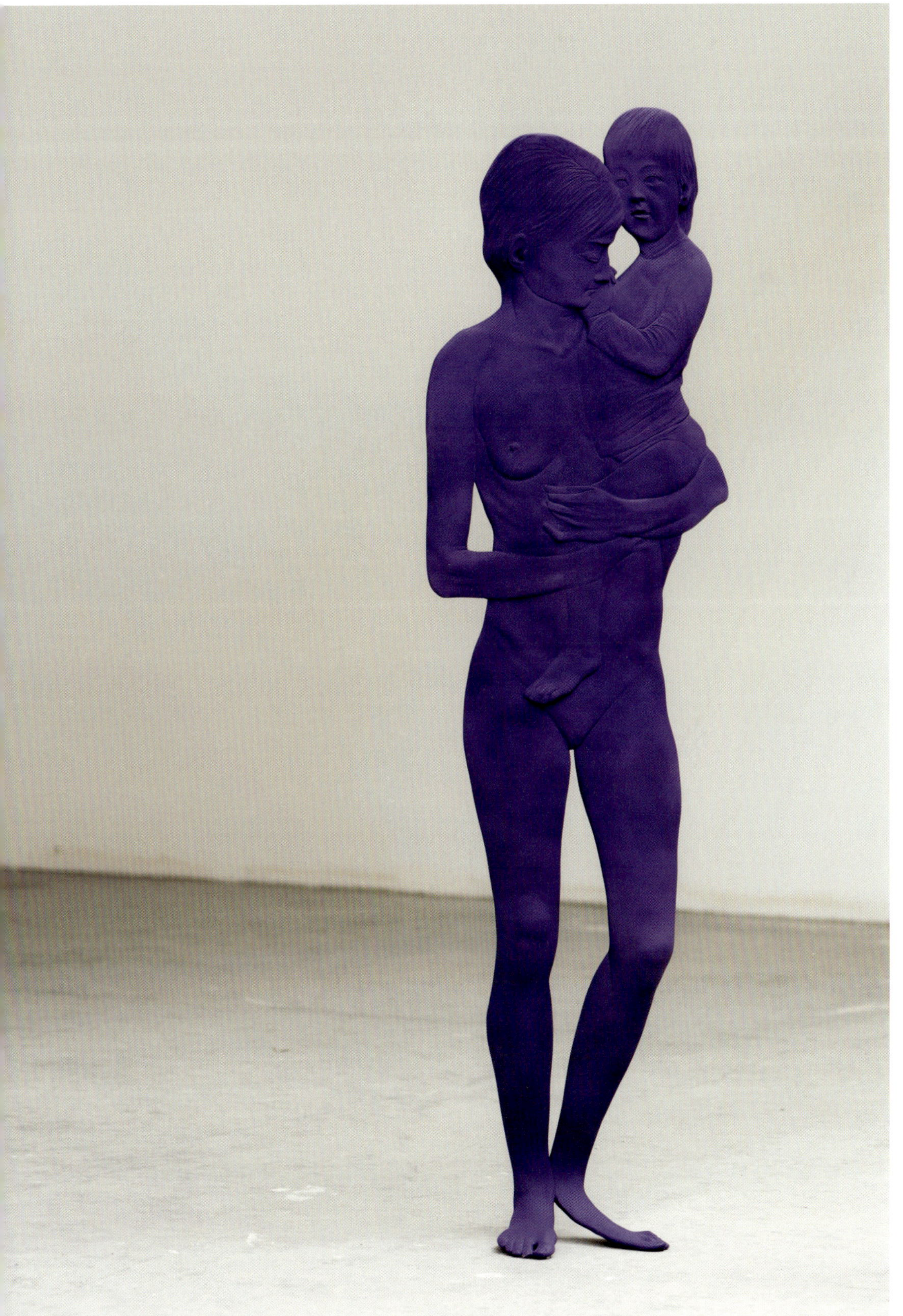

36 View From the Shadow, 2017 / A (study after MR), 2017

37 Studio view, 2017 Next spread

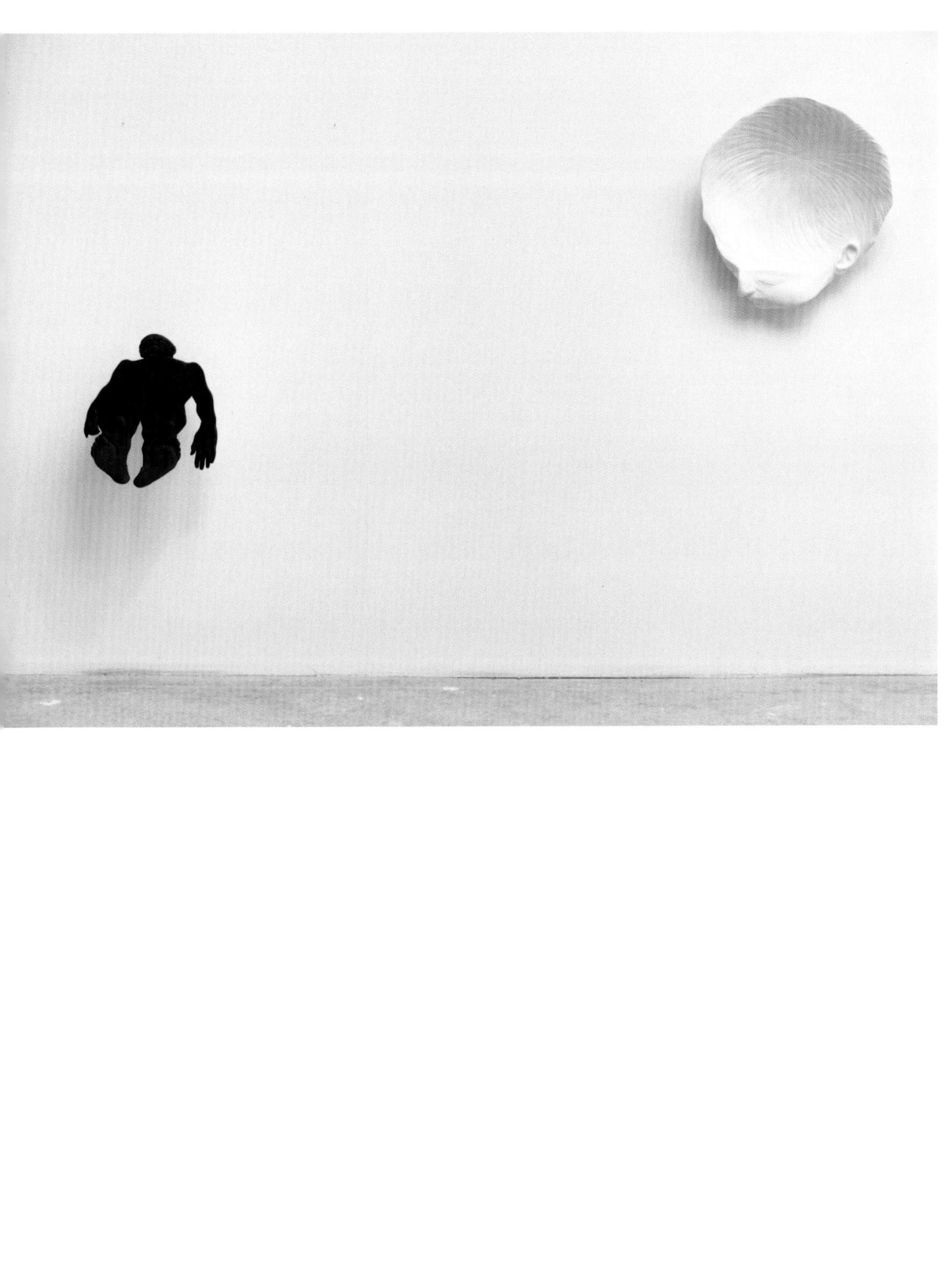

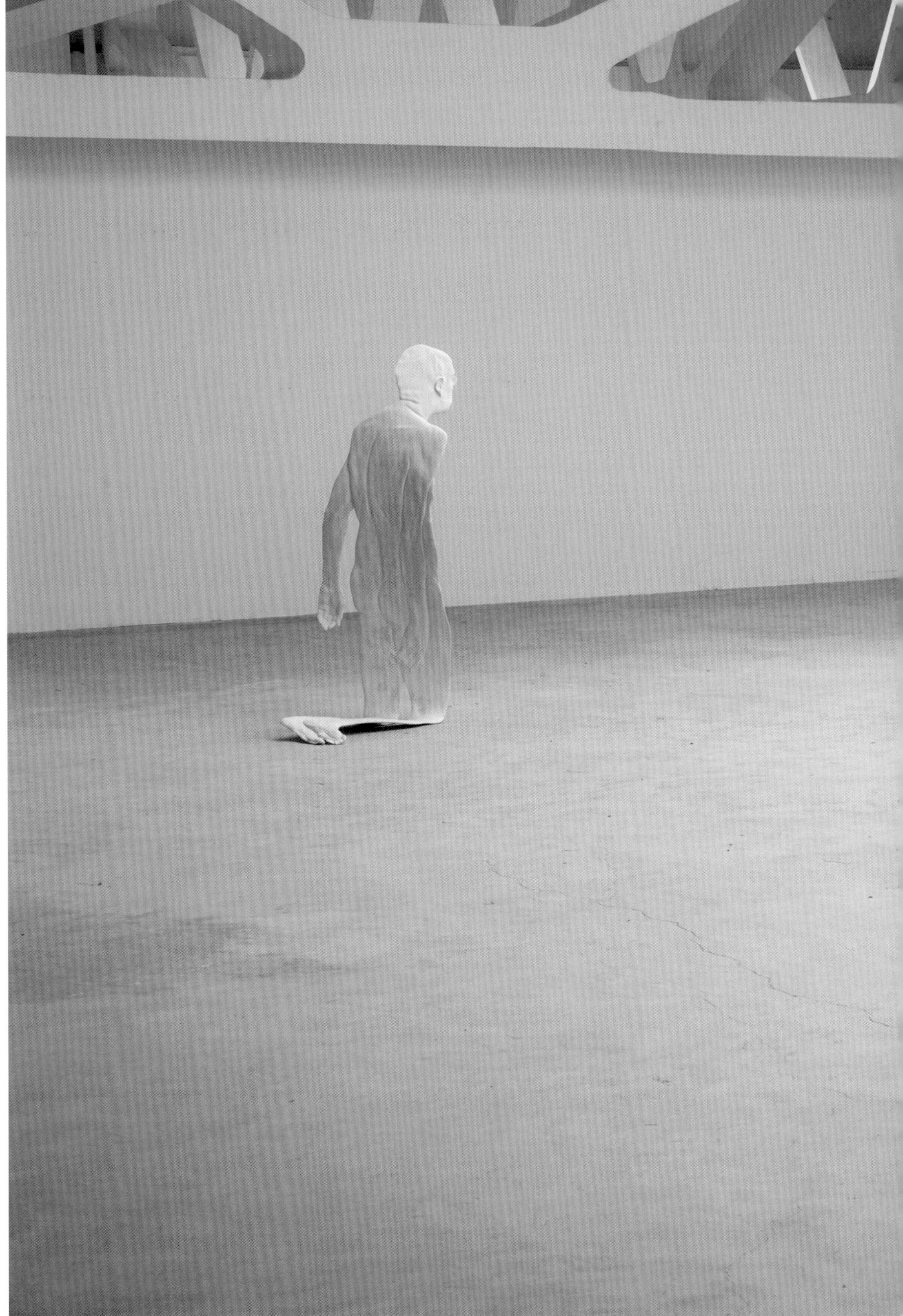

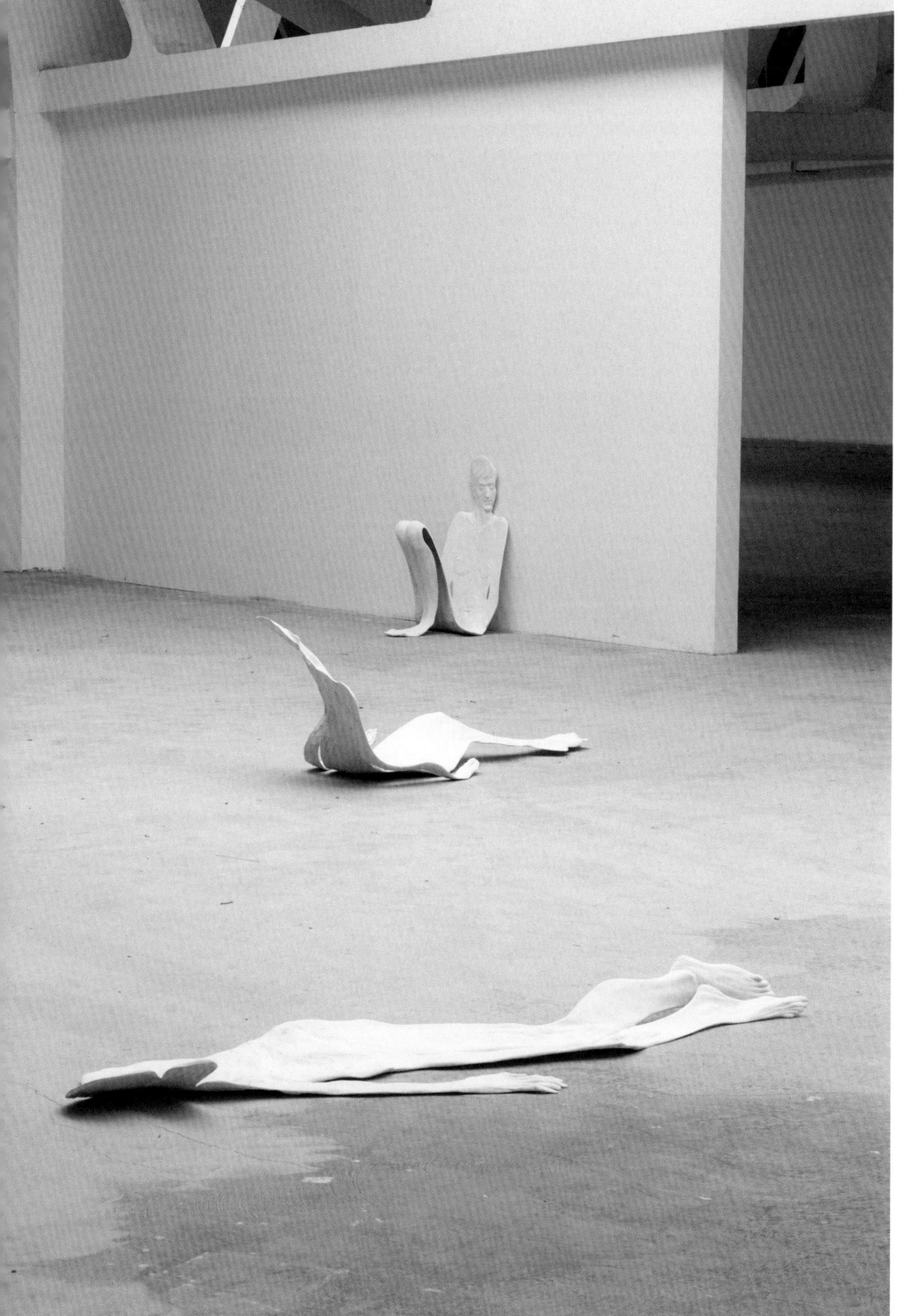

Biography

Bogdan Rața was born in 1984 in Baia Mare, Romania, is an artist, University Lecturer (Faculty of Arts and Design Timișoara UVT), co-founder of Kunsthalle Bega and initiator of the Pavilion Library. In 2017 he started the ARTISTHETEACHER educational project together with Alina Cristescu. He had personal exhibitions at Slag Gallery, New York; Farideh Cadot, Paris; The National Museum of Contemporary Art, Bucharest; Nasui Collection & Gallery, Bucharest; Calina Foundation, Timișoara. Bogdan Rața has participated in curatorial projects in Paris, Moscow, Liverpool, Venice, Dublin, New York, Bucharest, St. Petersburg, Porto, Kiev, Istanbul, Timișoara, Baia Mare.

Părăsirea umbrei / Prinderea luminii
Călin Dan

E un drum lung de la sculptura care i-a adus lui Bogdan Raţa o bruscă notorietate şi imaginile pe care ni le propune astăzi. „HandGun” (2011), lucrare produsă iniţial pentru excelentul proiect de artă politică în spaţiul public iniţiat şi coordonat de Ioana Ciocan („Proiect 1990”, 2010-2014), era o transformare anamorfotică a piciorului în mână, exploatând în notă ironică faimosul simbol al pumnului ridicat – una dintre imaginile cele mai comune ale socialismului revoluţionar. De dimensiuni monumentale, turnat în răşină colorată roşu, obiectul se impunea cu agresivitate, era indimenticabil şi iritant. După instalarea iniţială pe soclul monumentului V. I. Lenin din piaţa Presei Libere (fostă Piaţa Scânteii), îndepărtat în 1990, „HandGun” a fost amplasat pentru doi ani în faţa Muzeului Naţional de Artă Contemporană. Am fost uşurat, mărturisesc, atunci când actualul proprietar şi-a terminat împrumutul către MNAC.

Realizez acum faptul că o privire analitic-retrospectivă asupra acestei lucrări poate ajuta la o mai bună înţelegere a personalităţii lui Bogdan Raţa şi a transformărilor prin care a trecut arta sa. „HandGun” e produsul unei minţi curioase, netemătoare în faţa capcanelor kitschului, folosindu-le ca unelte de ultimă instanţă în procesul creaţiei de momente memorabile. Tânărul artist căuta în mod deliberat impactul vizual menit să reducă la minim timpul necesar citirii lucrării, expandând prin compensaţie timpul de memorie dedicat acestui impact, pe care opera îl genera inevitabil. În acest sens, „Hand Gun” a creat o paradigmă şi a conturat o strategie pe termen lung. Rezultatele cele mai recente sunt vizibile acum în „Părăsirea umbrei / Prinderea luminii”, expoziţia găzduită de către MNAC în spaţiul-simbol din Sala de marmură a Muzeului.

Bogdan Raţa a debutat ca un admirator al lecţiilor Pop Art-ei, adoptând strategii de transgresie, super-vizibilitate, viteză, artificialitate a materialelor şi culorilor, de stimulare a mentalităţii digestiv-consumeriste – toate caracteristici ale acestui curent. Dar profilul său intelectual conţine şi o altă abordare, mai analitică, a istoriei artei înţeleasă ca teren de experimentare în posibilităţile reprezentării. Totuşi, artistul a decis că nu istoria reprezentării e subiectul explorărilor sale, ci – cu un pas mai departe – „percepţia” noastră despre aceasta. Îmbarcat într-un soi de „Muzeu imaginar” personal, Bogdan Raţa reciteşte istoria „fotografică” a artei, modurile prin care mediile de reproducere ne-au modelat sensibilitatea şi relaţia mentală cu o artă a profunzimilor – printr-un mediu plat.

Să ne întoarcem la „HandGun”. Abandonând acea formulă, Bogdan Raţa a abandonat deopotrivă tridimensionalitatea şi virtuala sa dimensiune narativă. Într-un prim pas radical, sculpturile sale au devenit echivalentul proiecţiilor axonometrice din arhitectură, descrieri puriste şi riguroase ale unor anatomii puse în situaţii radicale: împletiri de membre, poze erotice, rigor mortis, suferinţă extremă. Suprafeţele incizate şi siluetele precise descriu volumul sculpturii în două dimensiuni cu un naturalism percutant care forţează creierul să proiecteze imaginea în volume pline. Bogdan Raţa a părăsit teritoriul Pop Art-ei dar a păstrat cea mai importantă moştenire a acesteia – naturalismul schematic, pe care îl combină cu descoperirile unei alte epoci de referinţă – Quattrocento-ulu italian, şi ale sale descrieri de anatomii elegante, impecabile tehnic. E momentul să aducem în discuţie din nou conceptul de „haptică" – acea capacitate unică a speciei umane de a „simţi" materia, textura, volumele, temperatura chiar, doar prin explorarea vizuală şi prin semnalele pe care ochii le transmit creierului. Sculpturile plate ale lui Bogdan Raţa sunt un caz de studiu pentru modalităţile complexe şi subtile prin care acţionează acest mecanism.

Complexitatea acestui fenomen de percepţie creşte prin faptul că volumele există totuşi, într-un fel modest dar tenace: formele incizate nu funcţionează doar la suprafaţă, ele au şi o incontestabilă prezenţă spaţială. Apare aici un echivalent târziu al celebrului experiment cu oglinda realizat de Brunelleschi. Ca şi acolo, „trompe l'oeil"-ul, „păcălirea ochiului" are loc în realitatea spaţiului nostru fizic, tridimensional. Privitorul e invitat să recompună volumele, să proiecteze în realitatea joasă un nivel mai înalt de ficţiune cu forme umane. E o invitaţie la reconstituire criminalistică, într-un fel; siluetele umane răsucite, pliate ca nişte bucăţi de pânză apretată devin ultimele urme ale unor oameni fixaţi în suferinţă de catastrofe incerte. Personajele au o moliciune incontestabilă, atât în sensul italian („morbidezza"), cât şi în cel românesc (suferinţă, boală, prin extensie descompunere), amintind de imaginile pe care ni le-a lăsat tragedia de la Pompei, sau cele filmate la descoperirea lagărelor de concentrare de către trupele aliate, în 1945.

Artistul însuşi descrie această etapă ca pe o mediere între negativul şi pozitivul obţinute în procesul modelării/turnării unei lucrări. Efectiv, negativele devin parte solidară a operei, care e adusă din zona negocierii conţinutului în cea a auto-reflexiei la nivelul tehnicii (τέχνη, tékhnē). Încet dar inevitabil, Bogdan Raţa a atins momentul când travaliul său devine despre producerea sculpturii însăşi. E interesant că el foloseşte Banda lui Möbius ca metaforă pentru a explica drumul fără sfârşit dintre negativ şi pozitiv. Interesant pentru că Banda lui

Möbius e probabil una dintre imaginile cele mai populare ale modernismului, identificată pe drept cuvânt ca atare de către Max Bill, un nume ce ar trebui adăugat listei de referință când vorbim despre Bogdan Rața.

Nu putem continua fără a ne opri la simbolismul reliefului sculptural. În producția artistică, nici o opțiune tehnică nu e lipsită de consecințe simbolice, după cum ne-a învățat Alois Riegl. Alegerea unui mediu în defavoarea altuia, a unui material în detrimentul altuia, a unei tehnici mai degrabă decât a alteia are urmări la nivelul expresiei și în final la cel al semnificației. De ce e relieful atât de emoționant, de misterios, de diferit? Probabil datorită naturii sale hibride, a ambiguității sale: relieful nu e nici sculptură, nici pictură, dar ne amintește de ambele; nu e arhitectură, dar e într-o complicitate cu arhitectura; e o suprafață legată de o adâncime mult mai complexă decât un simplu zid. Bogdan Rața exploatează fără reținere ambiguitățile reliefului, luând o decizie radicală – divorțul de perete și negarea arhitecturii. Sculpturile sale în relief abandonează suportul peretelui, devenind coji ale unor volume care nu mai există. Artistul vine în întâmpinarea fascinației noastre pentru arheologie, pentru rămășițele unor construcții mai vaste, pentru rest, pentru urme.

Absența umbrelor devine o provocare în sculptura lui Bogdan Rața. În timp ce reliefurile sale sunt atât de plate, de discrete, încât lumina nu le poate capta și nu poate genera umbre extrase din / provocate de ele, este evident că artistul însuși promovează prin tehnica de expunere un paradox: sculptura neumbrită, neumbroasă, deci până la urmă – imaterială. O altă decizie strategică privește abandonarea soclului, care adaugă la imaterialitate și renunțare: reliefurile lui Bogdan Rața au părăsit complicitatea cu arhitectura, dar în același timp își refuză minima autonomie sculpturală oferită de soclu. E ca și cum s-ar dizolva în context, dispărând din spațiul fizic, rămânând doar ca siluete conservate în spațiul mental al emoțiilor și memoriei.

Cu aceasta intrăm în etapa actuală a creației lui Bogdan Rața, dezvoltată pentru și prezentată în premieră la MNAC. Abandonarea succesivă a umbrei, a soclului și a arhitecturii sunt decizii care îl poartă pe artist și mai departe în direcția deconstruirii conceptului de sculptură. Pasul următor a fost abandonarea sculpturii pur și simplu, cel puțin în aspectul confruntării cu spectatorul obișnuit. Artistul rămâne un partizan al vechilor tehnici – modelajul în lut, mulajul, turnarea, reproduse la nesfârșit. Dar acum aceste procese repetitive renunță la greutatea produsului final, transformând piesa turnată într-o imagine virtuală, mai mult – într-una digitală, care aduce cu sine un nou set de posibilități.

„Dematerializarea sculpturii" e un pas

curajos dincolo de tot ce s-a făcut până acum în direcţia reinventării acestui mediu. El e motivat de contextul şi spiritul Şcolii de artă de la Timişoara, unde Bogdan Raţa a absolvit şi unde dezvoltă în prezent o prolifică activitate pedagogică: este vorba despre favorizarea mediului în faţa mesajului. Motiv pentru care arta lui Bogdan Raţa trebuie judecată în ecuaţia conceptualismului; sub aparenţa înşelătoarea a „figurativului plat", artistul elaborează de fapt în jurul schemei ample a sculpturii-ca-instrument pentru perceperea „materialităţii adevărului". Printr-o neaşteptată succesiune logică, ne întoarcem la exemplul lui Max Bill şi al artei concrete, trecând de la arta ca proiect ilustrativ la sculptura ca proiecţie.

În anul 2019 am realizat expoziţia „REPVBLICA. Despre umbre în sculptură" (Art Safari, palatul Oscar Maughsch, Bucureşti), unde istoria sculpturii moderne din România a primit o lectură curatorială prin reconstituirea dansului umbrelor din Peştera lui Platon. „Părăsirea umbrei / Prinderea luminii" vine, un an mai tărziu, ca un răspuns răsucit la propunerea mea. Pentru că nu putem separa expoziţia lui Bogdan Raţa de eterna dilemă indusă de Platon prin alegoria peşterii din dialogul Republica. Avem aici un sculptor care respinge lumina (şi, prin consecinţă, umbrele) din expoziţiile sale, optând pentru întuneric. Cineva care anulează umbra ca mijloc de expresie plastică, dar şi ca instrument simbolic, exploatând în schimb facilităţile tehnice care permit crearea unei lumini fără umbre – prin proiecţiile digitale de mare definiţie ale unor forme monocrome care plutesc într-un spaţiu abstract. Îndrăznesc să cred că expoziţia lui Bogdan Raţa în spaţiul întunecat al Sălii de marmură de la MNAC e o versiune surprinzătoare, nouă, modestă, dar în acelaşi timp „veche" (în sens epistemologic) a Peşterii la care toţi visăm, din când în când.

Arhitectura a revenit aici ca suport pentru relief / imagine, fiind însă anihilată de întuneric, redusă la o peşteră, aşa cum negativele de ghips sprijinite de pereţi devin relicve ale unor evenimente trecute, pietre de mormânt într-un muzeu de antichităţi. E o experienţă să vezi reprezentările figurative ale lui Bogdan Raţa plutind pe pereţii goi cu autoritatea sculpturii, în timp ce ele sunt doar proiecţii evanescente. Structura rezultată ar putea fi numită video instalaţie, ar fi însă un abuz, pentru că această expoziţie şi această etapă din creaţia lui Bogdan Raţa nu sunt despre tehnologia sau mediul pe care le foloseşte, ci despre un punct mai înalt de conjuncţie. Acela unde experienţa sa de artizan, profesor, artist, călător şi gânditor ating concluzia că, cel puţin pentru o clipă, lumina e mai importantă decât umbrele.

Beral Madra, iunie 2018

Două orașe în România, București și Timișoara, găzduiesc instalațiile sculpturale ale lui Bogdan Rața. Într-una din piețele aglomerate ale Bucureștiului, un bărbat gol, văzut din spate și alb ca o fantomă, pare să se decidă să se îndepărteze de oraș spre un nou orizont, prin apele sumbre ale canalului Dâmbovița. Această lucrare, „The Crossing", este prezentată la cea de-a opta ediție a Bienalei internațională de artă contemporană București. Pe unul din podurile din Timișoara, un cuplu care pare ori a se a lua la trântă ori a se îmbărțișa, redat din nou ca o sculptură plană, ocupă trotuarul ca și când ar cere cu disperare atenția privitorului. Într-o altă piață a acestui oraș istoric, în care recent s-a descoperit o ruină a unei moschei otomane, se poate vedea, după apusul soarelui, o figură de dimensiuni uriașe care stă nemișcată pe trotuar. Toate aceste lucrări sunt prezentate de Fundația Calina în expoziția „Perspective Shift", curatoriată de Răzvan Ion. Reflectând asupra spațiului public, monumentelor istorice sau tradiției sculpturii moderniste abstracte timpurii a acestor orașe, să ne amintim ceea ce a spus Rosalind Kraus: „Știm foarte bine ce este sculptura. Și unul din lucrurile pe care le știm este că aceasta este o categorie delimitată istoric și nu una universală. Așa cum este adevărat pentru orice altă convenție, sculptura are logica sa inerentă, propriul set de reguli, care, deși pot fi aplicate la o varietate de situații, ele însele nu sunt deschise multor schimbări. Logica sculpturii, s-ar părea, este inseparabilă de logica monumentului". (1) Lucrările fascinante din spațiul public ale lui Bogdan Rața ar trebui interpretate în această logică a monumentului. Într-adevăr, cu intenția lor provocatoare și estetica neobișnuită a identității, simplității și planeității anonime, acestea reprezintă o extensie așteptată a discursului estetic relațional de astăzi al producțiilor de artă contemporană. Identitatea anonimă îmbrățișează societatea ca deținătoare efectivă și determinată a orașului, actorul autentic al ordinii politice și economice de astăzi. Indic aici orașul, așa cum este el descris de Saskia Sassen: „Marele și complexul oraș, mai ales dacă este global, este o nouă zonă de frontieră. (...) Aceste orașe, indiferent dacă sunt în nordul sau sudul global, au devenit o zonă de frontieră strategică pentru capitalul corporativ global. (...) Dar aceste orașe au devenit și o frontieră strategică, o zonă pentru cei lipsiți de putere, cei defavorizați, marginalii, minoritățile discriminate. Persoanele defavorizate și excluse își pot câștiga prezența în astfel de orașe, prezența în raport cu puterea și în raport cu ceilalți. (...) Acestea sunt noi baze hibride din care să acționeze,

1 Rosalind Krauss, Sculpture in the Expanded Field October, Vol. 8. (Spring, 1979), pp. 30-44
2 http://saskiasassen.com/PDFs/publications/The-city-todays-frontier-zone.pdf
* Fragment publicat în Revista-Arta # 42-43 / 2020, p. 22

spaţii în care cei neputincioşi pot face istorie chiar şi atunci când ei nu primesc puterea". (2)

Abordarea lui Bogdan Raţa deschide în mod similar o altă posibilitate de percepţie faţă de sculptura tradiţională. Nu numai parcurile şi pieţele publice, ci şi peste tot în oraş, clădirile istorice sunt decorate cu figuri şi capete care inspectează oraşul şi locuitorii săi cu priviri nemuritoare. Acest patrimoniu cultural este un proces epistemologic pentru a păstra moştenirea culturală vie în memoria publicului. Intervenţia lui Bogdan Raţa în spaţiul public apare în domeniul acestei percepţii tradiţionale şi anunţă necesitatea unei schimbări cruciale. Sculpturile plate, semitransparente şi cele care au la bază sursa de lumină sunt metaforele noului limbaj al culturii vizuale şi ale limbajului vizual.

Simplitatea sculpturilor, care sunt realizate manual cu materiale naturale şi sintetice, constă în planeitatea lor, care nu este doar o formă şi o metodă pe care Raţa o preferă, ci şi un instrument pentru provocarea privirii conservatoare a publicului şi conducerea acestuia la inevitabile noi moduri de percepţie. Figurile plate marchează o îndepărtare studiată de ipostazele rigide care sunt standard în reprezentarea figurativă în arta istorică şi modernă. Această formă evanescentă prezintă un interes deosebit, dar şi raţionamentul care iniţiază o tranziţie vizuală este, de asemenea, o revoltă estetică. Bogdan Raţa susţine că necesitatea gândirii critice de astăzi generează un impuls de a reprezenta potenţialul uman ca instrument de percepţie; iar rezultatul este o enunţare figurativă care simbolizează participarea psihologică a publicului. Aceste corpuri plate, în special cel de pe râu, pot fi văzute mai degrabă ca o ieşire spirituală decât ca o sursă rigidă. Corpul reflectă în cele din urmă starea minţii, iar aceste corpuri coincid cu starea mentală a comunităţii digitale de astăzi. Imaginea în oglindă a unei piese de pe fereastra din faţă a galeriei a susţinut scopul lui Bogdan Raţa de a crea spaţii reflectorizante pe care privitorul să le poată privi în ea şi în sine însuşi.*

Instalaţii lui Raţa din galerie constă dintr-o altă serie de sculpturi plate, o video proiecţie pe podea cu imaginea unei femei care pare că doarme şi figuri masculine inserate în perete. Toate aceste figuri au perspective distorsionate, care amintesc mai degrabă de Hristos al lui Mantegna, care a fost, de asemenea, o imagine a tranziţiei radicale în epoca sa.

Există câteva proprietăţi provocatoare legate de toate aceste sculpturi. Un element esenţial este corpul cu planeitatea şi semitransparenţa sa neobişnuite, care este prezentat ca un intermediar specific între lumea materială şi spirit. Celălalt este corpul inserat în perete, pentru a sparge rigiditatea galeriei şi a oferi o perspectivă extinsă. Al treilea element este intenţia lui Raţa de a fortifica percepţia privitorului pe care el o crede întruchipată în forma fizică pe care o creează. Al patrulea element este dedicarea şi relaţia sa cu istoria sculpturii şi a imaginii figurative, în ciuda redării îndrăzneţe a figurilor.

Figurile digitale de la sol, atât în galerie, cât şi în piaţa publică, sunt aparent efemere şi lasă conştientizarea despre imaginile digitale că fenomenul estetic de astăzi este perceptibil, dar nu tangibil. Aici percepţia este un facilitator pentru a înţelege diferenţa dintre pictură şi imaginea digitală. Imaginea digitală a corpului este de fapt un instrument dominant în ştiinţă şi tehnologie, încurajat de oamenii de ştiinţă pentru cercetare, sănătate şi explorări viitoare. Modul de a face artă al lui Bogdan Raţa intră în acest domeniu cu estetica speculativă, ocoleşte modurile tradiţionale creatoare de imagini prin aplicarea ştiinţei şi tehnologiei.

Istoria sculpturii este o hartă a acestei tranzacţii de la preistorie până astăzi, obţinând noi concepte, tehnici şi estetici, ilustrând întotdeauna Zeitgeistul, mentalitatea şi percepţia umană, care sunt întruchipate în forma materială. De-a lungul secolului al XX-lea, sculpturile figurative au contribuit la un schimb succesiv de identitate umană în artă. Tranzacţia complexă şi enigmatică dintre corpul uman şi lumea fizică a fost motivul apariţiei sculpturii.

De la modernism am văzut, prin intermediul lucrărilor de artă, corpul bolnav, corpul eroic, corpul abject, corpul ca maşină şi corpul digital. Discursul socio-politic şi economic de astăzi stabileşte politicile corpului ca o forţă-cheie pentru drepturile omului şi acoperă o gamă largă de probleme de gen, inclusiv fundamentalismul, feminismul, sexualitatea şi efectul noilor tehnologii asupra percepţiei societăţii. Această serie pasionantă şi captivantă de sculpturi, folosind metodele de captare a atenţiei şi percepţiei privitorului, dezvăluie modul în care acest discurs poate ieşi la suprafaţă în arena publică ca argument critic şi de rezistenţă.

Unul dintre momentele esenţiale în descrierea conformaţiei umane sunt figurile din sârmă ale lui Alberto Giacometti – care indică scheletul corpului – modelate cu frânturi de piele. Maniera sa de a reda realitatea corpului este interpretată ca fiind influenţată de cel de-al Doilea Război Mondial, de peisajul distrus al Europei şi de apariţia existenţialismului. Cealaltă sculptură postbelică, cea a lui Edward Kienholz, intenţiona să distrugă zona tradiţională dintre artă şi privitor. El a creat habitate în mărime naturală viabile fizic şi emoţional cu materiale procurate de la particulari şi din pieţele de vechituri. Duane Hanson, influenţat de stilul artistic al lui Edward Kienholz şi asociat cu verismul, a creat figuri suprarealiste din fibră de sticlă şi vinil. Sculpturile sale

brutale şi violente au provocat sensibilitatea privitorului.
Aceste instalaţii sculpturale realiste au vizat percepţia societăţii americane cu scopul de a-i face conştienţi pe privitori de corupţia socio-politico-economică, de ipocrizie şi de opresiuni. Intenţia lui Bogdan Raţa are, fără îndoială, referinţe retrospective în codificarea şi perpetuarea propunerilor pentru structura imaginii, dar modul în care redă figura umană nu este la fel de sincer instrumental ca sculpturile menţionate mai sus. El urmăreşte configuraţia contemporană a reprezentării, care este produsul unei secvenţe de interconectare a contextului ideologic, conceptual şi senzorial extins. Are în vedere limitele sensibilităţii contemporane divizate şi percepţia multifuncţională, oferind, în ceea ce priveşte interpretarea sculpturii, mai degrabă abordări intermediare şi provizorii decât statice şi definitive.

Trecerea de la volum la lumină cu toate etapele ei Alina Cristescu / Bogdan Raţa

AC: În 2008, i-am propus sculptorului Bogdan Raţa o expoziţie personală la Fundaţia Calina, pe atunci un spaţiu mult mai mic decât Kunsthalle Bega, un cub alb. Bogdan poate fi intimidant. Vorbeşte puţin, dar simţi că alege exact cuvintele, se mişcă cu anumită economie, transmite forţă. N-am reuşit să colaborăm atunci, dar i-am urmărit cariera. Discretă şi foarte bine autocuratoriată, orientată spre exerciţiu, rigurozitate şi cercetare. Cu o selecţie atentă a apariţiilor publice. Mi-am dat seama că lucrează şi creează exact cum trăieşte şi este perceput. Nu există diferenţe între Bogdan Raţa omul, persoana şi Bogdan artistul, sculptorul. Aplică / se ghidează după aceleaşi principii în artă şi în viaţă.

BR: În primii ani după studii, am început să fiu fascinat de volum, de prezenţă, de corp, de diferite stări ale corpului. M-a interesat doar prezenţa sculpturii, cum o percepi, monumentalitatea în diferitele ei stări. Volumul, corpul, culoarea, spaţiul. Mai apoi am înţeles importanţa imaginii în sculptură, felul în care poate disloca spaţiul. Am redus volumul înspre imagine prin reliefuri fine mişcate în spaţiu, ce poartă percepţia dinspre tridimensional spre bidimensional şi invers, ca pe o bandă a lui Möbius pe care nu poţi fixa cele două stări ale aceleiaşi sculpturi. Sculpturile au fost expuse în 2017 la Farideh Cadot, unde spaţiul minimal al galeriei mi-a permis să pun într-o formă clară aceste idei şi un an mai târziu în expoziţia „Perspective Shift", la Fundaţia Calina. Aici am decis să lucrez cu spaţiul galeriei, dar şi cu cel public. O oglindă mare în vitrină reflecta exteriorul în interior şi invers. Am mizat pe faptul că lucrările expuse în spaţiul public s-ar putea oglindi cu cele expuse în galerie. Astfel am amplasat în oraş contururi bidimensionale pe care era plotată imaginea tridimensională a modelelor de lut ale sculpturilor, iar în galerie am inserat în pereţi negativele de ghips ale acestora. În acest fel am obţinut o oglindire tridimensională, ireală şi la proporţii diferite. Galeria şi spaţiul public funcţionau împreună.

AC: Trecerea de la cadrul intim tandru al subiectelor inspirate de familie se transformă într-o platformă teoretică care preia subiectele unor artişti recunoscuţi Roni Horn, Félix González-Torres, Rachel Whiteread, Tino Sehgal, Alexandra Pirici. Abordarea devine teoretică, aproape abstractă.

BR: Am fost întotdeauna focusat pe studiul sculpturii actuale şi pe felul în care ea se poate preda, povesti, prezenta, percepe. Am început să înţeleg sculptura prin imagini cărţi internet. Abia după ce am început să călătoresc şi să văd aceste lucrări am conştientizat că imaginile lor văzute anterior erau de fapt alte stări ale acelor sculpturi: lucrările reale rezonau pentru mine mai bine în tandem cu acestea... percepţia mea făcea o sumă între cele două creând o a treia stare a aceleiaşi forme. Apoi am început să practic exerciţiul acesta şi cu studenţii mei, descriind aceeaşi lucrare în cuvinte şi în sculptură. De exemplu, modelez un relief fin după o sculptură din sticlă a artistei Roni Horn, a cărei suprafaţă şlefuită imită apa. Dacă iau un mulaj de ghips după acest relief, el funcţionează ca un negativ foto şi transpune tridimensional imaginea modelată. Îl inund, iar pozitivul creat de apă este mai aproape de explicaţia şi conceptul artistic decât dacă l-aş descrie doar în cuvinte . În expoziţia de la MNAC prezint aceste studii despre sculptura contemporană în oglindă; pe podeaua de marmură aşez negativele de ghips ale imaginilor modelate, iar pe pereţi şi tavan proiectez pozitivele lor, transpuse în lumină. Există astfel într-o singură încăpere trei stări diferite ale aceleiaşi sculpturi. Pozitivul de lumină, negativul din ghips şi sculptura formată de cele două, imaginată doar.

AC: Timpul în care între artă şi pedagogie nu există diferenţe reprezintă o parte consistentă a activităţii didactice. „Studenţii nu m-au dezamăgit niciodată”. Bogdan este inspirat de studenţii lui. În timp ce îi îndrumă să îşi găsească stilul, abordarea, rafinează relaţia profesor-student. Implicat în scena de artă, interesat de expoziţiile altor artişti şi de cele proprii, de teoria muzeului, de contextualizarea artistului contemporan, încearcă şi reuşeşte să schimbe sistemul, strategia, tactica relaţiei profesor-artist.

BR: Întotdeauna am considerat că lucrez cu studenţii aşa cum lucrezi cu un psiholog, au puterea să realizeze o exorcizare a ideilor şi a gândurilor mele despre artă. Dezbătând cu ei ideile ce mă preocupă, ajung la o înţelegere diferită a artei. Dar există concepte pe care doar artistul le poate transmite, explica. Plecând de la acestea, am invitat artişti care să le vorbească studenţilor despre practica lor, să iniţieze un dialog. Primii au fost Gorzo şi Anetta Mona Chişa, prin 2016. Un an mai târziu, împreună cu Liviana Dan şi Alina Cristescu, ne-am propus să pornim un program educaţional pentru studenţi şi publicul Fundaţiei Calina. L-am numit ARTISTHETEACHER. Un joc de cuvinte sudate în care atât arta, cât şi artistul devin profesori. Artişti ce practică şi lucrează în medii diferite au susţinut workshop-uri sau dialoguri, dezbateri cu studenţii şi publicul. Mihai Zgondoiu a traversat cu lucrarea monumentală „Somnul lui Lenin" vitrina galeriei, Anetta le-a vorbit despre mâncare şi alimente în arta recentă şi au gătit împreună, studenţii au turnat în bronz sculptura ecvestră a lui Lenin realizată de Anca Benera. A fost un exerciţiu din care am învăţat toţi. Atunci am realizat că pentru mine pedagogia şi sculptura / practica mea de atelier trăiesc în simbioză, nu mai sunt divizabile.

AC: Bogdan Raţa este foarte interesat de acurateţea tehnică a sculpturii. Nu acceptă uşor că acest interes îl poartă către fantasma conceptualismului, cea mai consistentă tranzacţie din opera lui. Trecerea de la volum la lumină, trecerea spre conceptualism pare că este realizată în straturi. De fapt, lumina descompune volumul de la mediul intim familial până la spaţiul muzeului sau al galeriei.

BR: Practica mea o păstrez cât mai simplă şi sinceră posibil: modelez în pământ; fotografiez, proiectez; torn în ghips. De fapt, mulajul de ghips este o oglindă tridimensională. La început lucram în materiale sintetice, polimeri, poliesteri, vopsele industriale. În timp a existat un fel de epurare, o curăţire a practicii mele. Acum îmi torn lucrările în lumină, le proiectez. Este o materie pură primară sinceră. Nu-i doar o fotografie. Este o sculptură. Brâncuşi şi Giacometti şi au dat primii seama de puterea luminii ca şi materie. Brâncuşi era convins că volumul plin şi o polizare perfectă permite sculpturii să răspândească lumina în jurul ei de parcă ar izvorî din interiorul formei. Şi-a fotografiat singur lucrările pentru a sublinia acestă realitate. Giacometti a lăsat spaţiul să erodeze înspre mijlocul sculpturii şi a dizolvat contururile siluetelor sale în el, în lumină. Lumina a devenit astfel materie a sculpturii.

List of works

2 M, 2018
projection
variable dimensions

3 Study after RW, 2019
projection
variable dimensions

5 Studies after TS, 2019
projection
variable dimensions

6 Studies after TS, 2018-2019
projection
variable dimensions

8 Study after RH, 2019
projection
variable dimensions

10 Study after RG, 2020
projection
variable dimensions

Study of Hand, 2020
projection
variable dimensions

12 Study after TS, 2020
projection
variable dimensions

14 Study after RH, 2020
plaster, clay, hemp, wood
120 x 110 x 8 cm, edition of 1

15 Study after FGT, 2019
clay model

16 Study after FGT, 2019
clay model

17 Study after RH, 2020
plaster, clay, hemp, water, metal
120 x 120 x 120 cm, edition of 1

18 Study after TS, 2019
clay model

19 Study after TS, 2020
plaster, clay, hemp
83 x 94 x 5 cm, edition of 1

20 Study after FGT, 2020
plaster, clay, hemp, metal
410 x 198 x 8 cm, edition of 1

21 Tsubo-niwa (Study after AP), 2020
plaster, clay, polyester, hemp
138 x 140 x 6 cm, edition of 1

22 Study after TS, 2019
plaster, clay
77 x 44 x 4 cm, edition of 1

Study after TS, 2019
plaster, clay
65 x 43 x 4 cm, edition of 1

23 Study after GLB, 2019
plaster, clay
78 x 103 x 6 cm, edition of 1

24 Study after RG, 2020
plaster, clay
65 x 48 x 4 cm, edition of 1

26 AB (Study after TS), 2018
plaster, clay
105 x 80 x 6 cm, edition of 1

27 AA, 2018
polyester, resin, fibre
160 x 60 x 39 cm, edition of 1

28 AD, 2018
projection
variable dimensions

29 Untitled 1, 2016
polyester, resin, fibre, metal
120 x 50 x 1 cm, edition of 1

30 M, 2018
projection
variable dimensions

31 Study after TS, 2018
metal, paint, UV print
250 x 164 x 92 cm, edition of 1

32 The Crossing, 2018
polyester, resin, fibre, metal, paint
239 x 62 x 9 cm, edition of 1

33 Untitled 2, 2016
polyester, resin, fibre
115 x 55 x 1 cm, edition of 1

34 Untitled 4, 2017
polyester, resin, fibre
79 x 49 x 41 cm, edition of 1

35 Untitled 5 (Madoana), 2017
polyester, resin, fibre, metal, paint
169 x 50 x 20 cm, edition of 1

36 View From the Shadow, 2017
polyester, resin, fibre, metal, paint
47 x 40 x 23 cm, edition of 1

A (study after MR), 2017
polyester, resin, fibre, metal
64 x 57 x 12 cm, edition of 1

This publication is released to accompany the exhibition:
Bogdan Rața. Abandoning the Shadow / Catching Light
Curator: Călin Dan, Assistant curator: Simona Vilău
The National Museum of Contemporary Art, Bucharest (RO), December 11, 2020 - March 28, 2021.

Published with the support of Kunsthalle Bega, Timişoara (RO).

Editors: The National Museum of Contemporary Art, Bucharest (RO)
Kunsthalle Bega, Timişoara (RO)

Texts: Călin Dan, Beral Madra, Alina Cristescu, Bogdan Rața

Translation: Marilena Brânda, Călin Dan

Design: Bogdan Rața, Ugron Lajos / Calina Foundation, Timişoara (RO)

Photos: Dan Vezentan, Vlad Cîndea, Flavius Neamciuc, Alexandru Boca,
Dona Arnakis, Bogdan Rața

Production: Jens Bartneck / Kerber Verlag

Project management: Martina Kupiak / Kerber Verlag

Printed and published by
Kerber Verlag
Windelsbleicher Str. 166–170
33659 Bielefeld
Germany
+49 521 950 08 10
+49 521 950 08 88 (F)
info@kerberverlag.com
kerberverlag.com

Kerber publications are distributed worldwide:

ACC Art Books
Sandy Lane
Old Martlesham
Woodbridge, IP12 4SD
UK
+44 1394 38 99 50
+44 1394 38 99 99 (F)
accartbooks.com

Artbook | D.A.P.
75 Broad Street, Suite 630
New York, NY 10004
USA
+1 212 627 19 99
+1 212 627 94 84 (F)
artbook.com

AVA Verlagsauslieferung AG
Centralweg 16
8910 Affoltern am Albis
Switzerland
+41 44 762 42 50
+41 44 762 42 10 (F)
avainfo@ava.ch

Zeitfracht GmbH
Distribution
kerber-verlag@knv-zeitfracht.de

The Deutsche Nationalbibliothek lists this publication in the Deutsche Nationalbibliografie: dnb.de.
The CIP description of the Romanian National Library can be found on the following website: www.bibnat.ro.

Cover: Studies after TS, 2019

The typeface in this book is Lexicon.
Copyright Lexicon © 1992 by TEFF. Lexicon ® is a Registered Trademark of TEFF.

ISBN 978-3-7356-0694-5
www.kerberverlag.com

ISBN 978-606-9044-18-6
MNAC Books

Printed in Germany

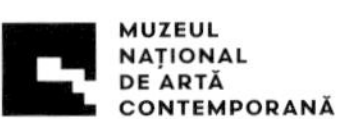

KUNSTHALLEBEGA BEGA UT